"醉"美校园 湖南农大

彭国梁 主编

特别鸣谢：
长沙绿叶生物科技有限公司

湖南大学出版社

图书在版编目（CIP）数据

"醉"美校园 湖南农大/彭国梁主编 . -- 长沙：湖南大学出版社，2023.9

ISBN 978-7-5667-3248-4

I. ①醉… II. ①彭… III. ①湖南农业大学 – 校史 – 摄影集 IV. ① G649.286.41-64

中国国家版本馆 CIP 数据核字（2023）第 177164 号

"醉" 美校园 湖南农大

ZUIMEI XIAOYUAN HUNAN NONGDA

主编：彭国梁

责任编辑：刘旺

摄影：毛尚文　邹子墨

　　　李晗枫　郭　慧　杨纪翔

　　　郭立亮　辜鹏博　杨　军　楚沩香

装帧设计：山与水视觉设计

印装：湖南天闻新华印务有限公司

开本：889 mm × 1194 mm　16开　印张：11.5　字数：200千字

版次：2023年9月第1版　印次：2023年9月第1次印刷

书号：ISBN 978-7-5667-3248-4

定价：120.00 元

出版人：李文邦

出版发行：湖南大学出版社

社址：湖南·长沙·岳麓山

邮编：410082

电话：0731-88822559（营销部），88820008（编辑部），88821006（出版部）

传真：0731-88649312（营销部），88822264（总编室）

网址：http://www.hnupress.com

序

陈弘

这是一本"围墙"之外的文化人看大学的书。《"醉"美校园 湖南农大》书名直白地告诉读者，徜徉于湖南农业大学校园时，你一定会因其独特的历史美、建筑美、人文美、科研美、自然美而陶醉其中。正如书中诗云："在石桥上望一眼／荷花就开了""还有那被激荡的热血和信念／因为青春，闪现出骄阳的辉光／农大的天空也因此更阔，更蓝"。

二〇二三年春节之后的一次聚会，我向彭国梁先生谈及湖南农大一百二十周年的人文底蕴和辉煌历程，引起了他极大的兴趣。他向我提议，不妨出一本书。由湖南农大之外的文化人来写，以他们的眼光来发现农大之美，再用图文并茂的方式表达出来。我当即表示赞同。一所百年老校，美不胜收。"横看成岭侧成峰"，况且"庐山"中人也许还有很多盲点。由农大之外的文化人来写一回农大之美，又何尝不是一件"跳出农大看农大"的非常有意思的事呢？

多年以前，我第一次读到彭国梁先生的散文《泥巴》，那泥土的芳香中夹杂着浓浓的乡愁，令我感动不已。后来，每当听到童自荣先生声情并茂地在各个不同的场所朗诵《泥巴》的时候，彭国梁先生对故土对乡情的细腻感悟和深邃表达，让我深信，他对农业、农村、农民的故事一定有着自己深刻的理解与独特的感受。因此，由他来主编这样的一本书，自然是最合适不过了。

彭国梁先生曾经送我他和杨里昂、陈先枢二位先生共同主编的《民国文人笔下的长沙》一书，其中有严怪愚先生写于一九三七年五月三十日的《修业农校：山围水绕树成荫》一文，其中这样描述当时的校园场景："校园山围水绕，绿树成林，别有风致""你一到校门就可以看到广大匀整的田地，青绿夺目的禾苗，农场中时常蹲着一些读洋书而做土事的赤脚少年，或赶牛挑土，煞有风趣。"当年的修业农校之美，因了严怪愚先生的妙笔生花，仿佛如在目前。

参与本书创作的有当代文化名人何顿、王开林等，更有活跃在当今文化界的诗人、作家、资深编辑、记者、电视主持人……他们笔下的农大之美，各有千秋。他们从不同的视角描述，从不同的维度理解。我日日行走在校园之中，对其美景往往熟视无睹，但当我看到这些妙文时，我这"发现美的眼睛"一下子也就被唤醒了，意外惊喜扑面而来。

"后之视今，亦犹今之视昔。"我想，若干年后，我们的后辈，偶然见到本书，他们自然也就会从这"'醉'美校园"之中，见到曾经文人笔下的湖南农大是如何风姿绰约，其师生又是如何生活与工作，是否与我看到《民国文人笔下的长沙》一样，心情激动地遥想当年呢？

二〇二三年九月二十日晨

2

1903 年 10 月 8 日，周震鳞
出任修业学堂第一任校长

1904 年，黄兴在修业学堂
以体操教师的公开身份从事
革命活动

1909 年，徐特立任修业学堂
校董兼国文教员

1908 年，彭国钧接任修业学堂监督、校长；1912 年，修业学堂更名湖南私立修业中学校，彭国钧任修业学校校董；1930 年，湖南省私立修业中学校更名为湖南省私立修业农业学校，彭国钧任校长

1923 年至 1924 年，王首道在湖南省私立修业学校就读园艺科一班

1950 年，湖南省私立修业高级农业职业学校更名为湖南省立修业农林专科学校，李毅之任校长；1951 年李毅之任湖南农学院首任院长

1951 年 11 月毛泽东主席为学校
题写校名"湖南农学院"

1994 年"湖南农学院"更名"湖南农业大学"

湖南私立修业
农业职业学校

湖南私立修业
高级农业职业学校

湖南省立修业
农林专科学校

湖南省立
农业专科学校

湖南农学院

湖南农学院

湖南农业大学

湖南修业高级农校
毕业纪念章（1937 年）

湖南农学院第十二届
团代会纪念章（1987 年）

湖南农业大学校庆
50 周年纪念章（2001 年）

湖南农业大学时期校徽

湖南农專

湖南省立农业专科
学校徽章（1941 年）

湖南农业大学时期校徽

湖南农学院体育运动会
竞赛优胜奖（1957 年）

湖南农业大学校庆
60 周年纪念章（2011 年）

湖南农学院校徽
（1951 年至 1994 年）

湖南农业大学时期校徽

湖南农学院校徽
（1951 年至 1994 年）

湖南农业大学时期校徽

湖南农学院建院
40 周年纪念章（1991 年）

全国普通高等学校
先进教务处表彰纪念章
（1994 年）

湖南农学院校徽
（1951 年至 1994 年）

湖南农业大学时期校徽

官春云

湖南农大 1955 级农学专业校友，2001 年 11 月当选为中国工程院院士。

邓秀新

湖南农大 1977 级果树专业校友，2007 年 12 月当选为中国工程院院士。

赵振东

湖南农大 1980 级农学专业（硕士）校友，2013 年 12 月当选为中国工程院院士。

邹学校

湖南农大 1979 级蔬菜专业校友，2017 年 11 月当选为中国工程院院士。

人才辈出，星光灿烂

柏连阳

湖南农大 1984 级植物保护专业校友，2021 年 11 月当选为中国工程院院士。

刘仲华

湖南农大 1981 级茶学专业校友，2019 年 11 月当选为中国工程院院士。

谢道昕

湖南农大 1979 级植物保护专业校友，2019 年 11 月当选为中国科学院院士。

强农报国 共创未来

湖南農業大學
HUNAN AGRICULTURAL UNIVERSITY

120 周年

目录
CONTENTS

你好，湖南农大。

蓝天白云下的教谕，都已在土里扎根，

仓廪实，天下足。

牲畜们也有了属于自己的庄园，

花草树木们更是在星夜开起了派对，

蓬勃和繁茂，才是你赋予生长的意义。

绯红的夕光下，你的身影如此醉美，

这被热爱所眷顾的人间，因为有你，

才不负这春种秋收的盛景。

你好，湖南农大。

阳光烫就的金字招牌，

总是被你用辛劳和汗水一遍遍擦拭。

你的谱系里没有休止符，

如同你的歌唱，奔腾如江河从未间断。

你的高音部分，不属于倾听的耳朵，

只属于那些懂得感恩的生灵。

你好，湖南农大。

请接受一个诗人迟到的问候，

为此，他忘掉所有的晦暗和忧伤，

留下这丽日和晴空，与你相见，

留下这清风万里，才配得上你——

与天地同频的赤子之心。

你好，湖南农大

梦天岚

你好，湖南农大。

不止于近在咫尺的浏阳河，
也不止于三湘四水，
这里的每一座建筑都是你凸起的琴键，
你的弹奏里有十万吨蛙鸣，
有回响了一百二十年的浩荡水声。

你好，湖南农大。

麓山脚下的修业和修行都是你的前身，
健康农业的践行者们，以这里为起点，
他们一代赓续一代，
走向田间地头，跨越茫茫山海。
知识和理想是他们唯一的行囊。

你好，湖南农大。

听懂你，就从清晨的第一声鸟鸣开始，
去感受颤动在草尖的每一颗露珠，
与风雨同伴，与日月同行。
稻穗金黄如瀑，更要听一位老人娓娓道来。
那洼地，那田畴，那连绵起伏的山峦，
都是涌动在风中的波浪啊，
让一群牛铆足了劲，
向着更高的地方冲刺，攀登。

"醉"美校园

湖南农大

1903—2023

历史篇

与农大学子共呼吸

何顿

　　多年前，我一个知青朋友于二十世纪八十年代初，调进了湖南农大工作，那时叫湖南农学院。他邀我去玩，当时我在河西的师范学院读书，路途遥远要转几趟车就没去，后来他去了美国。又后来我一个大学同学调到湖南农大教书，因此我与湖南农大也算有点"渊源"。

　　我踏入湖南农大校园是 2023 年 7 月 7 日，去的路上忽然想这天是"七七事变"国耻日。遥想 1937 年 7 月 7 日，那时的中国贫穷、羸弱，犹如病入膏肓的老人，日军随便一个借口就敢对我中华大地发动侵略战争，可见"落后就要挨打"不是说着玩的。带着这种悲天悯人的思想，开车入校园时我眼睛一亮，校内大树林立，冥冥中仿佛演绎着这所大学的光荣历程，心里肃然。那天我开的导航定位是湖南农大"耕读书院"，高德导航有点使坏，把我导到一处只有情侣才会光顾的幽静的树林里，然后极不负责地宣布"目的地在我右边，本次导航结束"。我右边是几棵树，不高大，放眼望去，地上树影婆娑，竟有几分旖旎。我有点懵，高德是很少失误的，看来是要我领略一下湖南农大的风光。我下车打量，几十米开外，丛林的那边倒是有栋楼，但没有路了，只有树林和密集的灌木。路萎缩成几条弯曲的小径，那是供情侣们于月光下携手并行的。好在天热，又好在是暑假就没有人，否则我把车开进树林，那不破坏了情侣们的窃窃私语？车倒出来，我重新定位，这才驶到肃静的图书馆，一步入会议室，坐满了人，我怕是最后一个到的，嘴里嘀咕了句："迷路了，不好意思。"

座谈时，学校党委书记陈弘介绍湖南农大历史，说湖南农大于1903年创建，取名"修业学堂"，二十年后更名为"湖南私立修业高级农业职业学校"，又二十年后升格为"湖南农

学院"，1994 年更名为"湖南农业大学"至今。湖南农大为湖南农业、畜牧业、动植物业和生态、园艺业培养了许许多多专业人才，农学、动物学、植物学、生物科学、园艺园林学等十一个一级学科设了博士学位，二十三个一级学科设了硕士学位。湖南农大的师资力量强大，中国工程院院士四人，有突出贡献的中青年专家等国家级人才四十余人，博士生导师三百余人，高级职称专家近千人。他特别强调湖南农大的校训：朴诚、奋勉、求实、创新。我的思想开了些小差，想想一个学者能成为有突出贡献的中青年国家级专家，更有的学者成了中国工程院院士，这要有多大

的贡献和成就呵！那要付出多大的努力，还要耐住多长时间的寂寞和艰辛才能获取这份殊荣呵！我深信每一点进步，每一个科研成果的诞生，都是时间、智慧和汗水的结晶。我一生最佩服默默工作的科研工作者，是他们用自己的所学和智慧及不屈不挠的拼搏和钻研精神，推动了一个又一个学科领域的发展！国家今天的强盛、安定、团结和美好——以致当年随便就欺负我国的西方众国家拿中国十分头痛，甚至百般刁难和嫉妒，动辄开航母来威胁、恐吓，却一不小心把中国恐吓成了谁也没想到的世界中心——便是科研工作者埋头苦干的硕果。我

有一个观点：科研工作者是中国强大的支点和守护神。

党委书记陈弘声情并茂地介绍完湖南农大概况后，校方安排的导游便带着我们游览校园。那天的阳光实在太热情了，但这并不影响我们想了解湖南农大校园的精神面貌——校园跟人一样，也是有精气神的。我们上车，边一个景点一个景点地看，边听导游讲解。老教学楼虽不巍峨，但沉静、典雅，让人肃然起敬。前面一片绿茵茵的草坪，与红砖教学楼形成了鲜明对比。我信步于草坪上，仿佛看见一名名年轻学子朝气蓬勃地走进阳光下红灿灿的教学楼，再走出来时却是白发苍苍的老者。它并没有发生，是时光飞逝岁月如梭的历史沉淀感给了我幻觉，不禁想起陆游的诗句："梦断香消四十年，沈园柳老不吹绵。"此刻何以想起这句诗，我也愕然。

一所大学培养了多少人，又有多少人在为我们这个国家和社会奋斗呵。站在这栋庄重的教学楼前，我在手机上查了下，湖南农大"十四五"以来，获得了众多国家和省部级科研成果奖、国家科学技术奖等。这么多的成果，不知要用多少智慧和汗水才能浇铸呵，少一环都不行。

回到车上，我继续查，湖南农大的学者申请国家专利有 1 211 件，发表论文 1 785 篇，其中 SCI 收录论文 1 200 余篇，CSSCI 收录论文 500 余篇。这都很了不起的，心里跳出了不常呈现的两个字：佩服。我们随车来看五头牛，那五头牛，无论是形态和气势都堪称完美。我不禁想起唐朝诗人李白《咏石牛》的诗句："自来鼻上无绳索，天地为栏夜不收。"宋朝孔平仲的诗像一道彩虹样跃然而出，隐约罩在铜牛上："老牛还了耕耘债，啮草坡头卧夕阳。"多么生动、绚丽的画面。古人赞美牛的诗句很多，这是牛把自己的一生都奉献给了人类，为农民的丰收而劳作。我盯着这五头雄浑的铜牛，想农大铸造五头铜牛立于校门前，一定有深远的寓意，赋予了湖南农大学子极为神圣的使命感。这使命感看不见摸不着，但跟血液一样，存在于每一位湖南农大学子的心里，与湖南农大学子共呼吸！

何顿，中国作家协会会员，湖南省作家协会副主席。已出版《我们像葵花》《来生再见》《湖南骡子》《黄埔四期》《幸福街》《国术》等著作四十余部。

有本有源即有魂

——参观湖南农业大学图书馆

王开林

我穿过湖南农业大学的校园，在袁隆平先生铜像前停下脚步，久久肃立，将铜像基座上的题铭"知识·汗水·灵感·机遇"默诵三五遍后，就不免想象，这位令人尊敬的院士生前不止一次在这偌大的校园里徜徉，他喜欢去什么地方？大概率会去湖南农大图书馆。他在书架前走走停停，与在实验农场的田埂上走走看看，会有什么不同？眼睛里都会有阳光和稻浪的涌动，那是一定的。

湖南农大图书馆是天圆地方的结构，外形为圆，内体为方。有人说，知识是无涯的海洋，图书馆就是浮现其中的岛屿，观海望洋，戏水冲浪，才叫身临其境。世界上大大小小的图书馆太多了，有的以藏书数量取胜，有的以藏书质量取胜，有的以藏书的专业性取胜，有的以藏书的奇特性取胜。湖南农大图书馆是以什么取胜呢？专业性，那是必须的，也是肯定的。然而全国的农业大学何其多，同质同构的还会少吗？无非是功能区、阅读区、服务区、休息区、交流区……类似的布局整齐划一，样貌大同小异。

当我在湖南农大图书馆一楼看到"耕读书院"四个大字的匾额时，眼睛不禁一亮，一座图书馆贵在有本，贵在有源，贵在有魂，"耕读"二字足以担

此名义，担此使命。

远古时期，神农尝百草，教导百姓播种水稻，乃是中国农耕文明史上高亮的节点。战国时期，农家许行传播神农的理论，遭到孟子排拒，后来的书生中钻研农学者便较为少见。其实古代很少有从未种过地的读书人。商朝贤相伊尹出生于乡间，什么农具都会用；东汉末年，诸葛亮在南阳躬耕垅亩，明摆着要亲自下地干活。在古代，治生治学，二者并行不悖，治生必以务农作为优选项目。果真想做隐居求志的处士、太平有

道的良民，舍弃稼穑还能干什么谋生？陶渊明赋诗，"既耕亦以种……时还读我书"，又说"四体诚乃疲，庶无异患干"，耕种的乐处、益处一目了然。与其叩门乞食，倒不如带月荷锄，后者更有尊严。治生养活自己，不让父母妻儿挨饿，乃是读书人的本分。不做寄生虫，不使人间造孽钱，那才叫一个心情舒畅。

金朝学者许衡，人称鲁斋先生，他撰写《治生论》，有一个重要观点：读书人谋生不得力，势必会妨碍"为学

之道"。有些人走邪路四处钻营，靠做官贪污受贿，起初多半是受困于生计所致。读书人以务农为生，才算正常。

近代湖湘文化，注重实学实行，力求经世致用，素来以耕读为基点和支点。近代湘人最杰出的代表人物曾国藩、左宗棠都出生于乡下，父辈都是塾师，"有诗书，有田园，家风半读半耕"。他们既尝过耕读的辛劳，也尝过耕读的甘美，由他们出面力倡耕读，就特别具有说服力。

曾国藩的笔记《世泽》中有一段文字，大意为："稼穑的福泽，相比诗书、礼让的福泽，尤其可以放大，可以持久。我祖父、光禄大夫星冈公曾有教言：'我曾家子孙就算做了大官，家中也不可废弃种谷种菜的旧业。'这是极其美好高明的家训，可以作为万世不易的良法。"曾国藩年轻时有过耕读的经历，终生受益，官至一品后，他让大弟曾国潢在湘乡经营田园，就是遵从祖训。

左宗棠是耕读的最佳践行者。他自号"湘上农人"，爱读农书，有很高的农学修养。清道光十八年（1838），他

会试落榜，但在京城仍然收获颇丰，购买了不少农书，足供研究。他写信告诉周夫人："过些日子我回到柳庄，与夫人闭门研读，实地考察，编写好一本农书，用它教人种谷种菜，就是长期做乡下人，这样过一辈子，我也觉得满足快乐了。"他一度动念著《朴存阁农书》以传世，可惜这部书稿未能完成，仅遗存《广区田制图说序》一篇。

道光二十五年（1845），左宗棠写信给恩师贺熙龄，汇报乡居生活，谈及农事，笔歌墨舞，大意是：住在乡下不能不耕田。耕田有不少好处：年收入较多，山上种的和水中养的都能获利，可以多积蓄人力资源，可以多饲养鸡啊、猪啊，可以知道艰难，可以体验劳苦……时至今日，我在乡下住久了，更熟悉它的好处。明年也要监督耕种十余石水田。世间只有农事最雅、最正、最持久可靠，而人们往往不做农活，确实可叹啊！

务农好处多，左宗棠的身板子较绝大多数书生更为硬朗，能长年吃苦耐劳，他劝挚友胡林翼去田间地头亲身体验，后者心存疑惑，咨询本家几位叔叔，都说这不是读书人修身齐家的良策，于是他就放弃了。日后，左宗棠成为中国近代史上最著名的三位"救火队长"之一，吃了不少苦头，办了许多大事，活到七十四岁。相比而言，胡林翼体弱多病，仅得年五十，未尽其才，太可惜了。

咸丰元年（1851），左宗棠写信给恩师贺熙龄之子贺瑗，笔调格外轻松："山中小笋新茶，风味正复不恶，安得同心数辈，来吾柳庄一聚语乎？……兄东作甚忙，日与庸人缘陇亩，秧苗初茁，田水琮琤，时鸟变声，草新土润，别有一段乐意。出山之想，又因此抛却也。"

到了不惑之年，左宗棠仍然以耕读为本，认为"良农胜过贵仕""务实学之君子必敦实行"。咸丰二年（1852），他为左氏家庙撰写新联，上联是"纵读数千卷奇书，无实行不为识字"，下联是"要守六百年家法，有善策还是耕田"。

左宗棠重视农耕，有一个见解与众不同："孔子训斥樊迟，孟子责备陈相，原意在于劝导学人立志要立大志、远志，并非说读书人不应当务农，由于后世儒生讲习时不明原委，以至于读书人博览群书，却五谷不分，宁肯四处奔走，风尘仆仆，却不肯干农活，名义上是学者，实

际上相当于游民。明朝的儒学大师陈献章开农学先河，尚且高吟'田可耕兮书可读，半为农者半为儒'，务农又有何不妥呢？"

同治五年（1866），左宗棠的四个儿子结伴到福建探望他，侍奉母亲返回湖南时，"求训甚切"，左宗棠撰写两副短联给他们。第一副对联是"要大门闾，积德累善；是好子弟，耕田读书"，第二副对联是"慎交游，勤耕读；笃根本，去浮华"。两副对联都以"耕田读书"四字诀谆谆教诲他们。左宗棠以耕读为本，确实受益匪浅，重点、要点有四：一是识稼穑之劳苦，知民生之艰难，日后他做封疆大吏，重视民命、珍惜民力均出于自觉；二是以实学指导实践，以实践验证实学，力戒空疏浮躁，务求切实；三是收放自如，进退有据，进则能兼济天下，退则能独善其身；四是小处着手，大处着眼，经世致用，有本有源。由此可见，左宗棠功成名就，绝非偶然。

曾国藩、左宗棠以对耕读的认识启迪后人：实践和理论是亲密的兄弟，分则为双枝，合则为一体。放在现代社会，我们可以赋予"耕读"更广泛的意义：耕可以是农耕，也可以是笔耕、舌耕……任何有价值、有意义的劳作，无不可；

读万卷书，行万里路，都是读，用眼睛读，用心灵读，用脑回路读，用精神意志读，亦无不可。

以耕读书院撑起湖南农大图书馆，可谓有本，不愁无繁花密叶；以耕读书院注入湖南农大图书馆，可谓有源，不愁无活水清流；凡物有本有源就有魂。于是我近观湖南农大图书馆，或远眺湖南农大图书馆，它都不是一座简单的建筑物，而是传承湖湘文化的实体。耕读是这个时代的精神需要、文化需要。湖南农大的莘莘学子濡染这样的精神和文化，并将它们带往广袤的田野和乡间，势必强力地推动中国农业现代化的进程，将湖南农大的金字校训"朴诚，奋勉，求实，创新"唱响于云端。

王开林，中国作家协会会员。已出版《站在山谷与你对话》《灵魂在远方》《谈史色变》《王开林自选集》《国与家》《湖南人的境界》等五十余部著作。

很早就知道柳子明教授，当彭国梁邀请我为湖南农业大学写点什么时，我毫不犹豫地想到了柳子明。

2023年7月4日上午十点半，我来到湖南农业大学内的柳子明故居，这是一栋两层的楼房。楼的附近和门口有写着"柳子明故居""柳子明故居陈列室"的标志，周边遍种各种树木和花草，告诉我们主人的低调与不平凡。

故居门口的外墙上镶嵌着一块汉白玉的说明：

柳子明（1894—1985），韩国忠北道忠州市人，现代著名农艺学家。1919年因参加反抗日本殖民统治的韩国独立运动来到中国，先后担任"朝鲜义烈团""南华韩人青年联盟""朝鲜民族战线联盟"等组织的领导成员。1950年6月，应湖南大学校长李达的邀请，到湖南大学农学院任教；1951年湖南大学农业学院与湖南省立修业农林专科学校合并组建了湖南农学院，柳子明先生随之转到湖南

农学院任教。旧居系湖南农学院分配给柳子明的住宅，建造于1958年，为两层砖木结构仿苏式风格的现代建筑。建筑物坐北朝南，占地面积一百六十平方米。2014年被公布为长沙市文物保护单位。

学校的余喜林老师在此已等候多时，她热情地将我们迎进客厅。迎面映入眼帘的是一张柳子明先生的黑白巨照，老先生戴着一顶那个时代特有的折沿帽，朴实的神情丝毫不像一位革命家、大学者，但胸口的勋章告诉我们他曾经非凡的人生，这枚勋章是1978年12月3日朝鲜民主主义人民共和国主席金日成给柳子明授予的"三级国旗勋章"。有

趣的是，墙上还挂着1991年韩国总统卢泰愚追授的"建国勋章——爱国章"。

看到这里，我不禁产生了一个疑问：柳子明早年投身民族解放事业，还担任过韩国临时政府的教务部次长，为什么没有像金九一样回到故国？

据介绍，柳子明既是中国杰出的现代农学家、教育家，也是韩国著名的独立运动家、国际反法西斯斗士。1916年，柳子明毕业于韩国水原高等农林专科学校，随后到忠清北道农业学校教书。1919年，柳子明抵达中国参加革命。1938年，柳子明在武汉担任"朝鲜义勇队"政治指导员，从此走上了与中国抗日队伍并肩作战的道路，足迹遍布大半个中国。1942年，大韩民国临时议会在重庆召开会议时当选为议员。

1940年以后，柳子明主要在福建、广西等地从事农业技术工作。1946年，柳子明前往台湾，在那里任农林处技术室主任、合作农场管理所主任等职。1950年1月，柳子明向南朝鲜方面递交了归国申请书，但由于各种原因半年后才拿到签证，遂立即偕妻儿离开台湾，打算从香港搭船回国。当柳子明6月25日晚上到达香港时，恰逢朝鲜战争爆发，船路断绝，顿时无路可走，就在此举目无助之际，柳子明在长沙的"生死之交"——时任湖南省副省长的程星龄热情邀请他到湖南大学农业学院工作，室内墙上还挂着当年湖南大学校长李达为柳子明发的聘书。后来农业学院从湖南大学成建制分离出来，与省立农林专科学校合并组建湖南农学院，柳先生成为湖南农学院第一批教授。

柳子明潜心农学教育和研究三十多年，为中国农学事业做出巨大贡献，他把自己的智慧和精力无私地贡献给了中国的农林教育科研事业。柳子明用唯物主义方法论研究、介绍中国古代农学、园艺学卓有成效的栽培方法，他指出：早在宋、明时期，中国园艺家已创造了植物繁殖的"蒙导法"，这比米丘林学说早诞生几百年。其"水稻起源的探索"与"柑橘类的起源和发展"的研究也引起世界反响。1972年，柳子明带领农业系和园艺系的教师们对长沙马王堆出土的农业植物进行了考证，对中国水稻栽培的历史从考古学、地质学、地理学、历史学、语言学等多方面做了论证。柳子明执笔的《中国玫瑰和世界玫瑰》是对中国玫瑰的最系统的权威性论著，引起了国内园艺学界的普遍重视，它赋予了中国玫瑰应有的国际地位。他潜心研究葡萄栽培技术，成为中国江南葡萄种植业的奠基人和倡导者。1984年，柳子明教授获中国农学会表彰，其事迹被收录在1984年出版的《中国现代农学家传》中。在一楼展墙上，记录了柳子明生前发表的论文，这也是他在湖南农学院三十多年研究的部分成果，如《关于克服果树大小年现象的若干问题》《中国古代农书与唯物主义思想》《关于柑橘分类的问题》《"长沙马王堆汉墓"出土的二十种农业植物的历史考证》《中国栽培稻的起源和发展》《柑橘类的起源和发展》《适合湖南的葡萄品种》《中国葡萄的来源和历史》《葡萄一年多次结果的科学技术》，等等。

除了科研成果，柳子明还为社会培养了一批又一批年轻的高等农学人才，湖南省的许多园艺专家、葡萄专家都出自他门下。

柳子明在中国居留长达六十七年，大半人生都是在中国大地上度过，他早已把中国当成了自己的家。他在抗日斗争和科研教学活动中，与中国人民结下深情厚谊。他不仅结交了一批杰出的知名人士，例如贺绿汀、程星龄等，为中韩人民的友谊谱写了佳话，他还与同事、学生、园艺技师、农民、下乡知青成了好朋友。

我在参观中惊喜地发现，柳子明不仅与巴金有着深厚的情谊，还与五四运动学生领袖匡互生有着深厚的情谊，他曾写下《匡互生先生印象记》。笔者有幸收藏了一方匡互生使用过的红丝砚。看到这个细节，颇有些兴奋。匡互生是著名的教育家、社会活动家，曾经在上海创办职业教育——立达学园，设高中和初中（位于江湾），高中又分普通科（位于江湾）与农村教育科（位于南翔柴塘），而后者是学园的核心。

柳子明于1930年1月进入立达学园农村教育科，并受到匡互生的礼遇，他在《匡互生先生印象记》中写道："……教师的待遇一律是月给六十元。但是匡先生对我特别照顾，月给八十元。这是由于匡先生理解了朝鲜人被日帝压迫的情况，以及当时朝鲜革命者在上海及其他各地艰苦斗争的情况，所以给我特别优待。"

1983年2月25日，为了庆祝柳子明的九十寿辰，湖南农学院举办了盛大的祝寿茶话会，湖南省主要领导也出席了会议，程星龄送来大蛋糕，柳子明回赠带有根须的葡萄苗，以表示两人的情谊"根深叶茂"。1985年4月17日，柳子明以九十二岁高龄逝世。2002年3月19日，柳子明先生逝世十七年后，其灵骨回归故里，韩国政府为柳子明在大田市举行隆重国葬，将其与韩籍元配李兰永夫人、中国籍夫人刘则忠女士的灵骨合冢。

柳子明曾参加金九领导的民族复兴革命，但金九回国后，却在1949年被刺杀身亡。像柳子明这样早年投身革命，革命成功后回归科技研究的革命家是罕见的。也幸亏柳子明矢志不渝、潜心农业技术。试想他如果真的回到国内从政，难免卷入政治斗争。

在二楼展厅的结尾处，有这样一段话："在科学的道路上，看准了的东西就要坚持，在实践中不断总结，就会不断前进，最后就会有收获，就会给老百姓带来好处！"这是柳子明先生的心声，也是他始终如一、不忘初心的表白！

曹隽平，中国作家协会会员，《艺术中国》杂志主编。已出版《抱朴求真——曹隽平艺文集》《楷书入门——曹隽平书法教室》《曹隽平书前后赤壁赋》等著作。

"醉"美校园

湖南农大

1903—2023

建筑篇

惊叹农大建筑独特之美

范亚湘

　　那天是星期天，夏天里的太阳像一个火球，热得让人无处躲闪。我陪几个朋友去湖南农大校园内，参观韩国著名民族独立运动活动家、教育家和农学家柳子明的故居。

　　走进校园，是一条笔直的林荫道，密密层层的枝叶挡住了毒辣的太阳，树下阴浸、凉快。这条林荫道叫修业路，透过浓密的枝叶，有阳光射下来，就像星星点缀天空一样。柳子明故居位于校园内西南一角，这是一栋 1958 年建造的两层楼房，是湖南农大由长沙东塘搬迁至现址的第一批教授住房，也是当时条件最好的住房之一。因为主张"天人合一、浑然一体"，居住讲究"静"和"净"，所以，那个时代的住房大多结构简练，实用性强。柳

子明故居就尽显环境的平实和建筑的含蓄。故居前有各种树木、植物，在此流连，想象着房屋主人当年播种的丝瓜、豆荚挂满篱笆，那绿油油的叶子沐浴在温煦的阳光下，无不给人一种幽美、恬静的美感。

柳子明是湖南农业大学前身湖南农学院园艺系主任、教授，他把一生奉献给了桑田和他心爱的植物。从1958年直到1985年柳子明逝世，他一直住居在这里。夕阳染红了校园，站在故居二楼窗前远眺，可以看到波光粼粼的浏阳河水。虽然斯人已逝，但这栋简朴雅致的民居，仍默默地传承着柳子明那个时代农学家们的精神，激励后来的学子们对农业的热爱和忘我钻研。2009年，长沙市芙蓉区已将柳子明故居列为不可移动文物名录；2011年，湖南农大对其进行了保护性修复，使其尽可能恢复原貌，同时设立了纪念柳子明先生事迹的陈列室。

正是因为这次参观，我才知道修业路上还有一座湖南农大的老校门。来到这个雅致的大院，便进入了湖南农大的老校区，这里集中了二十世纪五六十年代的农大老建筑，像一座建筑博物馆，每一栋建筑都潜藏着时光的记忆，成为一个时代的建筑经典。

建筑是最能反映历史的载体，是一种独具人类文明的奇观。可以说，一座校园的历史，最直观地反映在它的建筑上。湖南农大建筑是校园文化与历史记忆的载体，不同时期的历史建筑反映了

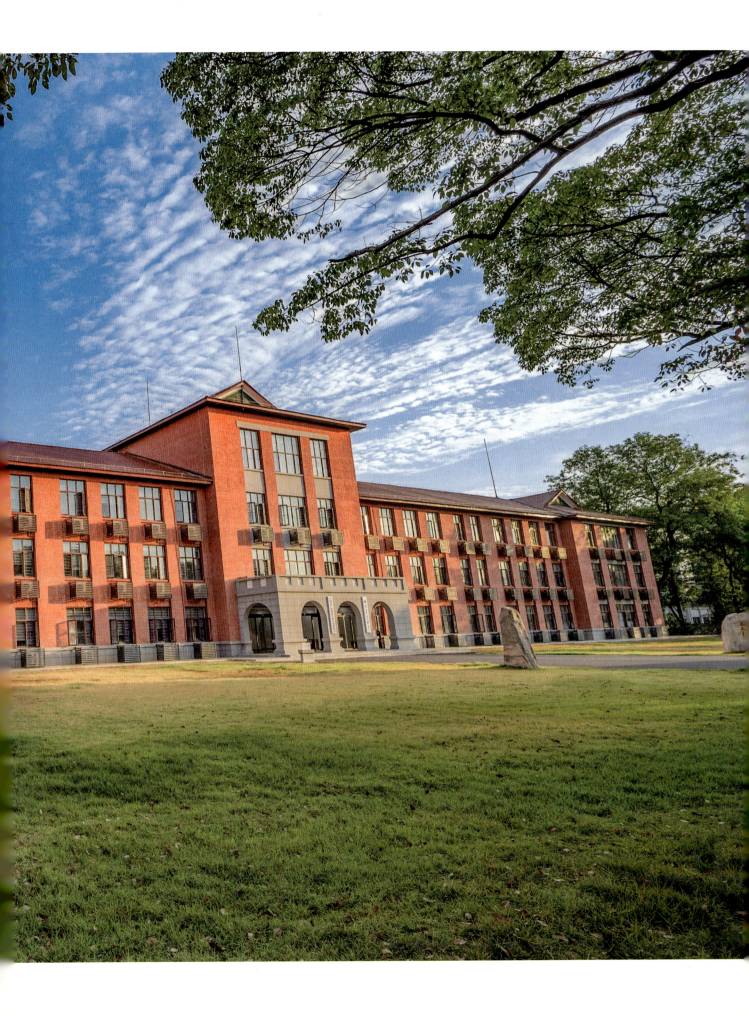

不同的校园建筑文化，也是一个时代集体记忆的遗存。其中，湖南农大第一教学楼，就是这样一个特殊年代和风格的湖南农大"红色建筑"代表。

地基五千七百四十四平方米的第一教学楼，集中展现了苏式建筑的特点，即中轴对称，平面规矩，中间高两边低，主楼高耸，回廊宽缓伸展，檐部、墙身、勒脚突出。这栋楼最亮眼的就是，用红砖来抒写湖南农大。缓步走入第一教学楼内，仿佛进入高大宽敞的宫殿，需要连续穿越几个拱门。第一教学楼在早晨就像一个巨人，等待着学子们的到来……落日余晖亲近着第一教学楼，那些从宫殿里走出来的学子们仿若一株株茁壮的植物，全身披满了金灿灿的阳光。

老校区内还有思源楼，即现在的校史馆。这也是典型的苏式建筑。思源楼取"饮水思源"之意，里面的校史陈列，是湖南农大百年辉煌的见证。历史建筑要自然地融入现代生活，这似乎是一个难题。但湖南农大对苏式建筑的保护非常给力，有种润物细无声的感觉。行走在老校区，每栋苏式建筑都不会有粉刷的痕迹，任由红砖墙保持它的本色。岁月积淀下的砖墙，显出历史的厚重，建筑的完整和原真性得到了充分尊重与保护。附近新盖的建筑也都与主体建筑保持一致，绿树掩映下的红墙建筑即农大第四与第五教学楼是二十世纪六十年代

源的历史底蕴，仿佛每一片砖瓦都能体悟到湖南农大伊始即 1903 年 10 月 8 日创办修业学堂的厚重。

老校区内的建筑被统称为湖南农业大学建筑群，这是从湖南农学院时期传承下来的校舍建筑，也是具有近现代重要史迹的代表性建筑，颇具时代特色。随着时代的变迁和湖南农大不断的壮大，湖南农大的建筑风格也发生了变化。那些庄重典雅甚至是时尚的苏式建筑逐渐减少，比如建于 1981 年的原行政楼。这栋框架式建筑没有了坡屋顶，表面也不再是清水红砖，取而代之的却是大面积的水刷石、水磨石，但那种严整肃穆的苏式建筑风格若隐若现。

进入新世纪，湖南农大得到了飞速发展，这一时期的湖南农大建筑打破了传统建筑封闭内向的陈规。以表现空间意境为主的审美观念，突出了公共性和开放性的观赏功能。同时，湖南农大建筑大量借用西方建筑元素，与重视表现实体造型的审美观念相一致。如图书馆等建筑，无不体现序列组合与生活密切结合，尺度宜人而不曲折，建筑内向，造型简朴，装修精致、美观等特色。

湖南农大姓农，其建筑必然会凸显一个大写的"农"。农大"四合院"

的建筑。不过，这两栋建筑很好地延续了苏式建筑的风格，几经修缮，保持了原貌。它们左右对称，规矩齐整，简洁古朴，颇具书香风味。

与思源楼隔路遥对的是修业学堂仿建校门。这是一栋中式建筑，带有明清建筑的风格。青色的砖，像是泼洒出水墨般的画意，给人以沉稳、内敛、坚韧、致远的感受。修业学堂表达的不仅仅是一座仿建校门，更多的是彰显了农大之

宿舍楼追求人与环境的和谐共生，讲究居住环境的稳定、安全和归属感。建筑材质上多选用地域色彩浓厚的灰砖，形成雄浑、宏大的气势，空间结构上则是尽可能多地设计庭院空间，以现代主义建筑的构造围合成了传统"农"式合院。这是一栋气质飞扬的建筑，那楼顶密集的烟囱，被刷成了可爱的马克龙色，似青葱靓丽的农大学子，阳光、帅气！

　　徜徉在湖南农大校园里，还可看到一些小巧、精致的建筑。这些建筑与花木山水相结合，将自然景物融于建筑之中，建筑空间变化丰富，尺度和形式不拘一格，色调淡雅，装修典雅。

　　时光如水，在指缝间悄悄流淌，悄无息至，但时光始终带着温情，眷

恋着农大的一砖一瓦。湖南农大校园里的每一抹建筑颜色，都能够展现出别样的风姿，让人们感受这些建筑每一面与众不同的构造与肌理，惊叹独特之美！

就在我离开湖南农大校园时，看到校园西边一栋高大的建筑正在拔地而起。这是湖南农大新体育馆，我想，要不了多久，就可看到学子们在新体育馆里矫健的身姿……

范亚湘，资深媒体人，《长沙晚报》副刊部主任。

"醉"美校园

湖南农大

1903—2023

人 文 篇

不只是仰望

梦天岚

一只排球悬在半空——
一个小小的天体，借助弹性，
在瞬息定格成永恒。

有一种博弈关乎人类的福祉，
在场的目光都被它吸引。
不只是仰望，大地早已蓄势以待，
而未来已来，一抬头就能看见。

所有的拥抱来自伸展的双臂，
所有的高度始于每一次腾跃。

还有那被激荡的热血和信念，
因为青春，闪现出骄阳的辉光。
农大的天空也因此更阔，更蓝。

梦天岚，诗人，中国作家协会会员，出版人物传记《老子》《周敦颐》《王夫之》《蔡伦》等，以及中短篇小说集《单边楼》、散文集《屋檐三境》、散文诗集《比月色更美》、长诗《神秘园》等多部著作。

一粒好种子，种在校园里

——写在袁隆平雕像前

李暄

这是一位智慧的长者

他曾经用一粒种子

改变了整个世界

如今他像一棵大树

种在校园里

根深叶茂处

庇护后来人

他曾经说

人就是一粒种子

要做一粒好种子

很多年前

一粒野生的种子

被一只候鸟吞进肚子里

候鸟分泌的胃液抹去了它的雄性

保留了它的雌性

候鸟飞走了

种子留下来

在一片美丽的原野上

它遇上另一粒种子
开启了生命的行旅

洞悉它，改变它
为人类造福
这个充满力与美的神话
正是这个校园的后学者
还要续写的传奇

这粒种子
携带着宇宙与人类的无穷信息
千百年来
它一直按自己的本来面目
固执地生长
固执得几乎令人羡慕
直到二十世纪即将结束
这种固执
才被"雄性不育"的杂交手段征服

这样的种子
经历过一次又一次的轮回
经历过黑暗中漫长的沉默
那些不为人知的卑微
那些努力破壳的挣扎
在泥土里生出根须的探索
在风中柔韧的低首蛰伏

在雨中畅快的大口呼吸

在阳光里拼了命的拔节而起

这样的种子

每一粒都有自己的宿命

它们可以在天地之间通灵

把大自然的语言

长成甜美的样子

这样的种子

可以在尘土之间浪迹

但每一粒都终将回归大地

在某一个被照亮的瞬间

成长为自己的奇迹

没有谁比种子更懂得时间的意义
正如没有人能逃离生老病死
但是一粒种子也可以赢得时间
赢得无数生命高贵的价值

这是一位长者留下的种子
这里有一群被他的水稻养大的孩子
孩子是新的种子
是庄稼，是树枝
是花朵，是果实
是森林，是风景
是美酒，是粮食

种在校园里的种子
会留着这样的风土
会带着这里的雨露
会带着这位老者的祝福
会接过他的行囊
走自己的长路

李暄，湖南广电资深策划人，报刊编辑，大型专题片、纪录片撰稿人，制片人，总导演。已出版人物传记和诗歌散文作品数十万字。

寸草湖

多年以后　这个名字

在我们血液里

荡出涟漪　像柳条上的

春天　一寸寸绿过来

占领青涩的晨光

午后的蝉唱

月亮记得　微风吹远的低语

我们青春履历始发的月台

铺陈在浅草地上

与一湖粉荷对谈　谁都有

蓬勃的心事　像一粒粒文字

背面的种子

那嶙峋的硬石　安静的亭子　总在没有人声的夜里

从逸苑路走来

像那些留校的老友

在垂钓回忆

当生活的扑满里

盛满岁月的年轮

寸草湖　风吹书页

与这一湖青春的光亮

依旧会烛照

心底那块诚朴的领地

那个驻扎在

灵魂中的校园

方雪梅

犇牬

一群牛
奔跑在守望者的春天
脊梁的弧度恰到好处
可以扛着艰辛
扛着一片奔驰的蹄声
扛着一个校园
一百二十个春秋的云卷云舒

热度不减的事物
总有对应的脊背
黄牛红牛黑牛公牛野牛
放牧着二十出头的心性
一串干劲十足的词语
勤劳　热情　诚实　勇气　荣誉
结队跑入我们的细胞壁中
增强成熟的骨密度

若干年了
我总是想起
那个落雨的周末
哼着校园歌曲
从五头牛身边走过
我只是个同路者
至今与它们结伴行走

情人坡

记忆里
青春交汇的节点
像安放在时间左岸
那两枚微醺的笑容

我们坐过的草地
披过的星光
捧过的书
藏在一枚红叶中的小欢喜
酝酿成分行的文字
清新　热烈　诗意
贯穿一生

这是最清澈的坡地
蒲公英　地毯草
听着悄悄话　黄绿
爱情　是一个辽阔的词汇
像怀抱的素琴
不会被生活的跌宕淡忘

情人坡　在农大的某处
以年轻的形态　永存
那处青春的诗眼
总与明亮对坐

方雪梅，中国作家协会会员，长沙市作家协会副主席，资深文学编辑。出版诗集《结糖果的树》《疼痛的风》，散文集《伦敦玫瑰》《寂寞的香水》《谁在苍茫中》，报告文学集《时代微报告》，文艺评论集《闲品录》等著作十余种。

恰似那水起微澜的娇羞

王溪海

我与湖南农大的第一次亲近源于水。

水乃生命之源，有河流的地方就有希望，河流过处，繁华遍生。河流是一个地方发展的先决条件，特别是在交通工具不发达的古代，田地的灌溉，人员的流动，经贸的往来，离不开河流。很多人或为生计，或为理想，背上行囊，从家乡出发，沿着河流的轨迹，通江达海，像种子一样撒到世界的各方。

"仁者乐山，智者乐水。"水是希望，也是人们无比憧憬的诗意家园。即使在科技水平高度发达的今天，泽水而居仍然是人们心中的执念。"胜日寻芳泗水滨，无边光景一时新。""窗含西岭千秋雪，门泊东吴万里船。""一水护田将绿绕，两山排闼送青来。""千里莺啼绿映红，水村山郭酒旗风。"这些古圣先贤的诗句吊足了人们的胃口，也扩张了文人们虚幻无比的想象。于是，在一个水与酒交错的晚上，我与几个文友敲定了一次关于水的旅行。

似乎有桃花源在等着我们，我们在湖南的几条河流上肆意溯游。在浏阳河上，我们的身子也跟着弯了几道弯。沿河行，忘路之远近。行至枝繁叶茂鸡犬相闻的潭阳洲，而洲的对岸仿佛若有光，成功地改写了我们舍船上岸的方向。问了路人，路人并不大惊，也没有邀我们还家，当然也不会设酒杀鸡作食。路人只是友善地告诉了我们附近名胜佳迹。我们也终于在偏僻的田间地头

的东沙古井品尝到了甘冽的井水，给我们深深地留下了像儿时酷热的夏日贪婪地舔冰棍般清凉的记忆。

在返回的路上，我们懵懂地闯入了湖南农业大学。之前，我们关于湖南农大的认识只局限于像神一般存在的袁隆平院士。那次关于湖南农大其他的记忆已然模糊，但是有一个人物同样住到了我的脑海里，那就是来自韩国的著名的教育家和农学家柳子明先生。在湖南农大的一座古旧瘦小的青瓦二层楼房里，我们了解到了他的生平事迹。我们幡然醒

悟，他就是之前我们感应到的改变我们航向的光。

柳子明先生二十世纪三十年代来到上海，从事教育工作，与教育家陶行知等交相辉映，成为当时"乡村教育""平民教育"运动的典范。中华人民共和国成立后，柳子明先生毅然从台湾来到内地，受聘于湖南大学农业学院，成为该院元老教授之一。在后来的湖南农学院里，他以他乡为家乡，静静地在这片土地上流淌，几十年潜心于农业教育和科学研究，培养出了一批杰出的农业科技人才，其"水稻起源的探索"与"柑橘类的起源和发展"的研究引起世界反响，特别是在南方葡萄引种栽培等研究方面影响巨大，成为中国江南葡萄种植业的奠基人和倡导者。他把余生都献给了一衣带水的中国，撑起了一片农学天地。2002 年 3 月，其灵骨回归韩国时，韩国政府为其在大田国立墓地举行了隆重安葬仪式。他像世界撒在潇湘大地的一颗种子，经受着湘江水的滋润，长成了一棵光芒四射的树，这棵树的名字叫国际主义精神。

再次握住湖南农大的手，已是十年后的今天。在国梁兄的安排下，我

再次与湖南农大深情交轨。于我来说，十年时光是一把岁月的刀，把我砍得青面獠牙，惨不忍睹；十年时光在我身上风驰电掣，以至于我想仰头发出天问。我惊诧于时光对于湖南农大的善良与厚爱，它像一把魔术刀，砍掉了昔日的简陋与沉闷，把湖南农大修饰得干净整洁，明亮艳丽，朝气蓬勃，落落大方。踏进农大，青春的气息便滚滚而来。五马雕塑、红枫大道、修业广场、茂林修竹、绿油油的草坪乃至图书馆的学子等，无不昭示着时光给予湖南农大的自信。

一片湖，一片纯净的水，拽住了我的目光与脚步。一片不大的湖，与长沙松雅湖、梅溪湖、洋湖等其他的湖相比，它只能算是小巧玲珑了。但它不逼仄，依旧给人一种开阔感。清澈的湖面与碧树、蓝天紧紧拥抱在一起，它像养在深闺的秀美女子，安静而羞涩，我不敢发出一丝声响，怕惊扰了它。不远处的荷叶肆意地铺张开来，很是壮观，亭亭的荷花竞相盛开，用李白的"清水出芙蓉，天然去雕饰"来形容再恰当不过了。"毕竟西湖六月中，风光不与四时同。接天莲叶无穷碧，映日荷花别样红。""荷叶罗裙一色裁，芙蓉向脸两边开，乱入

池中看不见，闻歌始觉有人来。"这些诗歌经典纷沓而至，我的脑海里幻出了一幅幅绝美的画面。盛夏华年，我遭遇了天空与大地合著的最美的诗篇。

上善莫若水。湖的美丽，让我想到了在湖南农大人身上流淌的水样的精神。"居善地，心善渊，事善能，动善时。"他们有水的柔韧，有着水般可爱的执着与倔强。

"一张食谱，浓缩了美好生活；五位院士，包下了老百姓的一日三餐。"这句玩笑话却是那么真实。湖南农业领域的中国工程院院士共有9位，其中5位在湖南农大，袁隆平、官春云、印遇龙、邹学校、刘仲华5位院士，以水之坚韧，深耕于大米、油菜、猪肉、辣椒、茶叶等领域，勇往直前，不退缩，不犹疑，利万物

而不争，醉心科研与实践，为满足人民对美好生活的需求，为让老百姓从吃饱到吃好，他们几乎洒尽了自己的青春与光华。

一阵风过，湖面泛起微澜，像水草一样向深处蔓延，映着斑斓的晚霞，这湖，是那样的美丽与娇羞！不能再惊扰它了。这是无法言说的美，连同湖南农大的人和事，深深感染了我。在人生的路途上，细细想来，美好的事物还是太多，满溢了我的心。我也归去罢，带着这份美好，拿出流水的坚韧和执着，虽不年轻，但依然有着不近的路途，管他明日鲜花与坦途，管他崎岖与坎坷。走，出发！如果前路有石子，那就把它踢个抛物线，或者让流水把它包裹，冲刷它的尘埃，留下它光滑如洗的痕迹吧！

王涘海，中国作家协会会员，文艺评论家。已在《人民日报》《文艺报》《诗刊》等报刊发表作品两百余篇。

春深意浓，碧草劲长

——湖南农业大学女子足球队侧记

袁姣素

"没有花香

没有树高

我是一颗无人知道的小草

从不寂寞　从不烦恼

你看我的伙伴遍及天涯海角……"

这首歌唱小草的歌谣几乎陪伴了一代人的童年和青少年时代。在那个催生梦想的时代，大地是最能懂得小草的歌唱的。而懵懂的我们总喜欢躺在青草地上望白云，望蓝天。我们舒展的四肢与大地耳鬓厮磨着，嘴里叼根青草，或者

嚼着淡甜的马根草，眼里望的，心里想的，都由着它们信马由缰，然后合上眼皮，打个盹儿，好似梦想就开花了，瓜熟蒂落了。当风儿一吹，就清醒过来，却也不介意这些梦中的昙花。人生就是这样，在努力与奋斗的路上，犹如天象，有风有雨，有笑有泪。心里不舒坦的时候，就会不经意地唱起这首歌，唱着唱着，心里就轻快起来，自在起来，什么也就烟消云散了。也许有小草的陪伴，有大地的包容，让我们容易感伤，也容易释怀。小草的洒脱、乐观、坚韧不拔的

丰姿是稳稳地扎根在我们的心里了。

光阴如流，岁月不居。直到今天，小草仍然是我们抬眼望天、低首尘埃时的生命观照与感喟。四季轮回，它们的葱茏与葳蕤，枯黄与消瘦，逢春又长的倔强，就如一个人的落地、起跑；跌倒、爬起，无论风雨，一往如前。有时候，立于四野，眼望长空，思忖生命、畅想人生之际，感觉人与草真是有一种相生相怜、互为慰藉的亲缘。那种同呼吸的成长与命运，生于大地，又终于大地。而在生命的接力与精神的延续中，人与草

的智慧又是那么地不谋而合，情深意浓。

多年来，在湖南农业大学这块肥沃的土地上，一直活跃着一支默默无闻的女子足球队。这支校园女子足球队的成长就如脚下的草儿一般，几番风雨，几番坚持，风吹劲长，在茵茵长空中逐渐春深意浓，碧草如天。谁也没有料到，就是这么一支不起眼的女子足球队，是如此顽强拼搏，在球场上巾帼不让须眉，她们的飒爽英姿在青翠如盖的草地上腾空飞跃，在时间的快门中闪光与定格。在省级足球赛事中，湖南农业大学女子足球队捷报频传，自2005年参赛伊始，获得14个冠军，在全国性的比赛中多次进入前八。这是让人震撼的成果！时代风云变幻，人们的价值观随着经济社会的日渐升温而进行不断地调整，越是热门的人们越往里钻，越是偏门的越是门庭冷清。在各种"卷"的竞争中，在各高校的视野范围，足球运动是比较冷门的范畴，因为各种条件的制约，很难取得成绩，更是难以出彩，很多高校都把时间和精力集中在热门的、能在产生绩效的门类和研究上。在这样不容

乐观的环境下，湖南农业大学女子足球队的脱颖而出，跻身高校常胜席位，连续折桂夺魁，不得不让人高看一眼。无论是学校，还是教练，抑或女子队员，他们集体的付出与血泪可想而知。"足球"这个不相信眼泪的代名词，在这样一群毫不起眼、不施粉黛、清丽脱俗的女子队员身上得到了青春和力量的印证。球场上草地碧碧，站在这块充盈着温度的土地上，仍能感觉到她们热火朝天的干劲和无数个昼夜的思索。湖南农业大学体育学院的熊少波副院长回忆起这支女子足球队的成长历程时仍是激动不已，仿佛当年的热血仍在心头沸腾，往事历历，牵人心魂。

湖南农业大学的第一支女子足球队发轫于2004年，刚组建球队的时候队员缺乏，因条件的限制，能符合队员素质要求的就很少，基本上有这个爱好、能吃苦就行。而场地和设施更是不给力，训练场地还是用煤渣铺成的坪地，连个像样的草坪都没有。队员们在煤渣场地训练，经常会弄得伤痕累累，青一块、紫一块的，划伤皮肤、血迹斑斑。2006年，学校拿出经费修建了人造草场地。2010年，在大家的

共同努力下，又取得了优异的成绩，获批为教育部的高水平运动队。当然，要训练出一支高水平的运动队伍，肯定得有一套用经验摸索出来的训练体系与方案。教练是有丰富的经验与智慧的，他们因地制宜，博采众长，扬长避短，量体裁衣，制定了一套完整的训练方案。为了与队员们并肩作战，提升团队士气，教练员与队员们暑假都没有休息。训练是残酷的，烈日酷暑，在室外近40℃的高温下跑起来，荡漾开去的风都是滚烫的，球场上像块烙铁，而这些细皮嫩肉的女队员们扎扎实实地完成一场又一场训练，硬是扛了下来。女生是天性爱美的，可球场就如战场，眼瞅着光鲜水灵的女孩一个个晒得黑如炭，也没有听到半句抱怨；即使是在生理期，都没有人提出请假。晨钟暮鼓，浏阳河边有她们越野跑步时淌下的汗水，健身房里晃动着她们进行力量锻炼的身影。功夫不负有心人，女子足球队连连夺冠，成绩斐然，成为湖南农大校园的风景与美谈。一时之间，"农大女足精神"蔚然成风，在校园焕发蓬勃生机。

在老师和同学们的记忆中，七年前，尚良慧同学还在对大学生活一团雾水，找不到属于自己的前进方向。进入女子足球队后，她就找到了组织，找准了自己的奋斗目标。然而，天有不测风云，在一场与南雅中学的友谊赛中，尚

良慧的韧带断裂，造成了半月板二级损伤，医生诊断半年内不能再进行剧烈运动。手术后的一段时间里，尚良慧只能躺在床上，生活都不能自理，几近崩溃，她担心自己热爱的足球运动生涯从此画上了句号。这时候，教练和队友们每天训练结束后就去医院看她，给她打气。可是，因患肢长时间不能运动，又导致了肌肉萎缩，尚良慧不得不去健身房里锻炼，对患肢进行增肌。终于，术后五个月，尚良慧重返球场。在她康复的这一百五十天里，集体的温暖，让尚良慧有着强烈的归属感。球场就是她们共同的家园，这个家始终都在，伙伴们始终在，谁也没有放弃她这个伤兵。在一次次的集体荣誉面前，尚良慧流泪了，教练和伙伴们流泪了，这个时候天地静止，任何话语都显得多余，她们懂得这泪水的价值与意义。2020年7月，尚良慧收到了湖南农业大学体育学院研究生的录取通知书，她的职业生涯从此成功定格，她将成为自己梦寐以求的一名体育老师！她的泪水沉甸甸的，尽管仍然卑微，但微小的成功也是成功，微小的奉献也是奉献，这足以让她引以为豪。在湖南农业大学培养的一批优秀运动员代表中，像尚良慧这样的优秀队员还有很多。其中女足队员肖莹2013年入选中国五人制国家集训队，赴韩国参赛；近几年里，这支颇具传奇色彩的女子足球队共有11名队员考取了硕士研究生。她们正走向全国各地，实现着属于自己的梦想。相信她们无论走到哪里，无论足迹遍布天涯何方，在她们的茵茵长空中，都是充满自信的，是独特而美丽的风景。

岁月悄然，往事如风。湖南农业大学的足球场送走一茬茬与它亲密无间的队员们，当欢笑远去，悲伤远去，被风儿吹干了的泪水远去，球场的小草是否会忆起离开了的女子队员，那些远走的队员在失意和迷离之时，是否会怀念见证着她们成长的球场？我们不得而知，打开窗，放眼望去，只见远方青翠，碧草劲长，人与草已经融为一体，那是生命的颜色，那么敞亮，那么辽阔，那么地生机盎然！

袁姣素，中国作家协会会员、中国文艺评论家协会会员，《湘江文艺》编辑，著有长篇小说《我是一个兵》《白驹过隙》、小说集《飞翔的嗥叫》、散文集《毛边的月亮》、诗集《风动》《月亮的指痕》等。

幸福时光，安放在一座园林里

贺小茂

一群年轻的学生从草地上的小路穿行过来，走向图书馆，一路欢声笑语。透过树梢的阳光，正洒在青春的脸庞上。

——到达湖南农大时，迎面扑来的便是青春的气息。

因为工作需要，我走进了湖南农大校园。职业习惯让我常关注老年人的生活，与很多老年人接触和交流，那是在凝视岁月的印迹，聆听光阴的故事。

踏上叠印着老农大人屐痕的大道，我才惊觉，原来，时光，会勾勒出成长的年轮，刻画出脸上的沧桑，却也可以雕琢出越来越青春的模样。

湖南农大是一座"老"校园。一百二十岁，人生已是两个甲子。而湖南农大像在逆生长中，越"活"越年轻。

说是校园，明明就是一片大园林。那些教授、专家、

72

学者退休后的日子，安放于浏阳河畔的园林里，每一天都是住在"美"中。

如果在高空俯瞰这片园林，会发现她被绿色温柔地包裹着。绿色，是生命的张力，是生机勃勃的代词。草木茂盛中，托举起一栋栋或高或矮的楼宇。东西两大体育场，如一双炯炯有神的眼睛，盛满新奇。

老农大人喜欢校园里的路，光是路名，就让人喜欢。修业路、克强路、朴诚路、奋勉路……湖南农大原本没有这些路，是早年的农大人，一步一步"走"了出来。

就在二十年多前，湖南农大连通外界的路，还是一条逼仄曲折的泥巴小道，考验着"十路"公交车司机的车技。在荒芜偏僻中，湖南农大的人越来越多，路越来越宽，楼越来越高。一条条路生长起来时，开拓出新农大的人，已经鬓上飞霜。而最早期的农大元老，早已作古，健在的部分第二代农大功臣也已是耄耋老人。平整宽敞的大道，让老人们可以在校园里自由来去。

最优雅别致的是神农路，明明有着古老的名字，却划出一道长长的圆弧，让校园的版图跳出一分俏皮和灵动。老年人漫步于这些路上，即使不能像学生们一样奔跑，脚步也会轻快许多。

无花木不成园林。长沙的市树香樟，在这里铺排开悠闲。修业路上，矗立着一株与湖南农大年龄相仿、已百余岁的古樟。最吸引我驻足观赏的，是在校园西北紫薇路与神农路边交汇处的一株古樟树——两百余岁的古树，从根部分成两株大树干，成了同根夫妻树。这对"夫妻"越界人行道，站进了路中，神农路修到这，也稍稍折弯身子，为一对恩爱"老人"让了路。一对老年夫妻，从树下搀扶着缓步经过。斑驳的时光，在老树的枝叶上层层叠叠，也在老人的身上温柔拂过。

除了四处可见的香樟，这座花园里有各种花木交替妆点四季。丹桂路、芷兰路、玉兰路、紫薇路、寸草湖、碧荷池……从这些地名就可看得出草木生命的丰盛。夏天有"莲叶何田田""清水出芙蓉"，秋天有"桂子月中落，天香云外飘"……每个季节，信步园林的银发翁媪，都可以融入诗意浓浓的画卷中。

画卷中，随着一幢幢教学楼次第展开，校园特有的脉脉书香也浸润开来，整座园林的气场便钤上了"文化"的印章。园林中的建筑，也是时光的见证者，那些远的近的时代，参差地掩映在翠绿的树

丛后。越是年长者越能触摸到熟悉与陌生交织的气息。

第一教学楼、第五教学楼等苏式红楼，红墙红瓦，是二十世纪六十年代的古朴庄重。行政楼、第二教学楼，用水刷石堆砌的平顶楼，是二十世纪八十年代的朴实。修业讲堂及修业学堂仿建校门，气质脱俗的青砖、灰墙，肃穆而不失时尚。后期兴建的楚天楼、隆平楼等，是高耸的新红楼，威武大气，在仿古中反衬出时代感。特别是红枫烂漫的时节，涂刷上深深浅浅的金黄与棕红，人从枫林道走来，宛如行于油画中。西、北、东几座大门，则将"湖南农业大学"那同一幅毛体书法，翻出多样的气质。

一砖一瓦，如层叠的记忆，老人们一页页地回翻，咂摸出时光里的不同滋味。

行至教职工活动中心，这里的老年大学已经放假，但同楼的阅览室里有老人在安静地沉迷书海，棋牌室里有人在"楚汉战场"飞车走马。退休后的悠闲时光，是用来重新出发，而不是随意

"打发"。

在工会楼连接老年大学的走廊上，照片展示墙吸引了我，那一帧帧画面定格了离退休同志或欢乐或感动的精彩瞬间——他们有的载歌载舞，挥毫泼墨，在艺坛大显身手；有的穿上红马甲，以银龄志愿者身份在片区里守护平安，为人排忧解难；有的奔走于三湘大地，进

行科技扶农，助推乡村振兴；有的聚焦关心下一代，立德树人……

红霞满天里，农大老人写出了奔赴幸福的时光诗篇。

湖南农大人不忘过往。袁隆平纪念园、柳子明故居，凝聚无数人敬仰的目光，守护质朴的湖南农大精神。

时光里，一张张面孔交替淡入、淡

出。人，才是一座园林的灵魂。不能没有那些闪亮的名字——李毅之、柳子明、李宗道、袁隆平……再到官春云、邹学校、印遇龙、刘仲华，当然还有陈立云、石雪晖、谭碧娥、肖浪涛、刘忠松、邓子牛……一代一代，湖南农大人物承前继后，弦歌不绝。

农大人放眼未来。创新创业学院、生命科学楼、岳麓山实验室，不断更新的技术，续写着与时俱进，不断创新的农大故事。

那些在体育场上奔跑追赶的年轻学子，活力四射，是明日赓续湖南农大精神的芬芳桃李。看着他们，老农大人目光柔和，也想起了自己的青春，自己的初心。

百年荣光尤在，未来无限可能。我愿和老农大人一起，慢品时光酿出的惊喜。

思绪翻飞中，不觉走到了一座湖边，湖中有一座小石桥。池边一块风景石上的红色刻字告诉我，这地儿叫"逸苑"。"奶奶，我想捉蝌蚪。蝌蚪哪去了？"一个稚气的声音响起，是个四五岁的短发女孩，正扯着一位应年已花甲的女士的衣角，仰头等她的回答。奶奶笑了，指着池中密密匝匝的荷丛说："小蝌蚪长成它们的爸爸妈妈的模样了，也就是小青蛙，听到它们唱歌了吗？""呱——呱——"像是应答奶奶的话，荷池迸出两声蛙鸣。看着祖孙俩，我的嘴角不禁悄悄上扬。

离开时，我绕道经过东沙古井。古井可能是农大最"老"的"土著"，据说源自五代十国时期。一位老先生正拖着绑了净水桶的拖车走到井边。许多老农大人习惯了这口千年古井的甘甜，每日安然享用时光的馈赠。他们是为打一壶水漫步而来，也是胸怀热忱奔往幸福。

贺小茂，资深媒体人，出版副编审，《老年人》杂志副总编。

想到你时，我没有忧愁

张静安

谁会想到，我再来湖南农大，是在十几年之后。我坐在耕读书院里，看到墙壁上贴着学生写下的一些卡片，一张一张看过去，有一张，是钱钟书先生的句子："约着见一面，就能使见面的前后几天都沾着光，变成好日子。"

我曾有过这样的好日子，就是在湖南农大，那一年，我十八岁，大学一年级。我在河西读大学，却时常辗转三四趟公交车，穿越大半个长沙城，奔赴农大。至今还记得，有一趟公交，是在火车站前坪的公交站转，那一年，我还没有用手机，有块手表，偶尔会走不准时间，我就常在转车的时候，看着车站的壁钟，对着自己的手表郑重其事地调着时间，然后一路盯着手表，算着还有多长时间我就能到农大，见到我想见的人。

有时候是吃个晚餐；有时候是看场电影；有时候我想见的人他在上课，我就自己在校园里逛着，买杯奶茶，吃个冰激凌，在图书馆里坐着看看书，等着他下课，从呼啦啦的人群中跑过来拥抱我。那时候的心是滚烫的，生活还不需要我做出什么为难的选择，脚步走在哪里，心就在哪里。

那时候的湖南农大，应该是没有今

天这么美，如果一定需要我描述一下，我第一份深刻的印象就是，他陪我走在校园里时，校园足够大，大到够我们走很久，够我在卸下一些羞涩和矜持之后，还能和他牵着手聊很久。

有时候我们也什么话都不说，相互依靠着静默地坐在草地上，看着月亮从天边升起，树影在风中摇动，树梢上有月亮的银光，有时候月光会洒满全身，有一种梦幻的美。多年以后，还能回忆起他掌心的温度。那样的时刻，成长岁月里来路不明却凝聚在心里像冰块一样的忧愁，也融化成了水。

虽说当时的湖南农大没有今天这么美，那缘故也是因为今天的湖南农大实在太美，记得那时候的湖南农大，美得是有些保守和不动声色的，我看到的大多是它的外在，古树、青石、复古的洋楼，以及生机盎然的青苔，还有美食街的各式火锅、猪脚饭、烧腊饭、烤盘饭也一直都在记忆里。而现在，走在校园里一步一景，四时皆美，美得让人心颤，尤其秋天的时候，在这个城市摄影师的镜头里，它比油画还美，银杏黄得俊巧，枫叶红得炽热，当然还有十二月的草莓棚，三月的油菜田，四月的樱花园……都是这个城市美学传播的热点。虽然这么多年，没有走进校园，但它盛名在外，每次看到媒体传播与它相关的内容，都

会去关注。也渐渐知道它背后的很多故事，除了景观里的千般色彩和万般诗意，背后农学专家们的故事被很多人挥墨盛赞，也让我感觉到了它作为百年学府的厚重底蕴，于是，对它由喜爱又增添了一份敬重。

曾经因为一个人，爱上一所学校，后来又因为这个学校的盛名远播，常回忆起那个人。

他是学食品相关专业的，他的专业有个很响亮的名字，食品科学和工程。多年后的今天我仔细查了查，还是省重点专业，记得他的课程有时候是做饼干、做面包，有时候还学种香菜。他带我和他们系的朋友一起吃饭，大家在饭桌上常分享彼此的课程内容，每次都让我大开眼界，我每次见他都会问他最近又上了什么有趣的课程，他的回答总会引来我的哈哈大笑和无比的羡慕，在财经类大学学经济的我完全没有想到还有大学在开这样有趣而实用的课程。我曾请他上制作面包课程的时候叫上我一起，他很认真地说，恐怕不行，他说那是在研究制作食品，不是体验和玩乐；他也说，但是如果做了很好吃的东西会带给我。尽管因为种种原因没有机会吃到过，但在当时，怀揣着这样的期待，已是十分满

足。无数次想象，他一米九的个子，站在人群中，认真地揉着面粉做着面包，是怎样可爱的样子。也无数次想象，在食品安全如此重要的今天，他在从事哪个环节的工作？但我知道，隔开岁月来看，他在湖南农大学习和成长，湖南农大校训中的"朴诚、奋勉"的精神学养，他是有吸收到的。无论他在做什么，他都能承载得起他所做的事情。

后来，在我的一本长篇小说里，我写了留在我记忆里他的形象，明亮不羁的眼神，浓密飞扬的眉眼，轮廓分明的脸庞，笑容眩目，严谨认真，自信笃定，挺拔如白杨。那也是我人生中第一次满心满意去爱一个人，那种渴望，那种纯粹，那种义无反顾的坚定，像一只拉满力量的弓。

那是金子般纯度的爱情，那时候，目光里是彼此，余光里是彼此，并且坚定地认为，上穷碧落下黄泉，余生里也只有彼此。现在想来，很羡慕当时的自己，大学毕业之后，一头扎进命运里，惊涛澎湃，狂澜叠至，在大浪里滚过几个来回后，总是会怀念在湖南农大时那样心无旁骛的日子。

如今很多人在对着年轻人喊着要他们远离爱情的时候，在告诫他们爱情会使人失去尊严的时候，我总会说，你们

魂才更有力量去爱他人，爱生活，爱世界。

爱是人和人之间的亲近和向往，爱甚至是一种品德，一种智慧。我庆幸命运让我在二十岁的年纪，在这样恰当的地点，谈了一场恰当的恋爱，学会了如何去爱，也坚信温柔的爱是一个人内心的哲学和诗。这样的坚信，是坚不可摧的灵魂堡垒，无论遭遇怎样的挫折，它总能支撑着我在残境中重新启程。

"农大春光好，恰与少年同"，这一次，我是在傍晚时离开这个梦中校园的。学生们下了课散布在校园的各个角落中，光影撒下了一地碎金，青春以它自有的方式在这里运行不息。我慢慢开着车，反光镜里是一棵一棵闪过的大树，我们曾在这些树下走过，记忆赋予它恒久。于是我带着一些难以名状的感激，带着久远的向往，第一次这么郑重其事地写下：长路且行且远之间，我心中有个最温柔的地方，就是农大。想到你时，我没有忧愁。

说的那不是真正的爱情，真正的爱情，恰恰会让你在被爱中发自内心感觉到生而为人的尊严，感觉到自己被善待，被珍惜。

好的感情、好的关系、好的教育，会让人不再挑剔自己，不再苛刻自己，不再怀疑自己，而是发自灵魂的自尊自爱。而拥有了自尊自爱的灵

张静安，中国作家协会会员。已出版作品长篇小说类《听说爱情会回来》《我是真的想过和你过余生》《你在记忆里，未乘时光去》，情感散文集《幸福可以等》《我愿你想到我时没有忧愁》等多部著作。

翡翠地里的生命关怀

耿会芬

小暑节气这一天午后，那正是最热的时候，太阳明晃晃的，湖南农业大学校门外的大路似乎都在高温的炙烤下发着刺眼的白光。

进了校门，沿着林荫路往校园里面走。光线和空气立刻变得不一样起来。目之所及，全是绿色。高大的香樟树枝繁叶茂，擎起深绿的巨伞，把滚滚热浪隔绝在外。一棵棵大树，枝枝相连，叶叶相覆，在半空中相握相拥，连成了一片绿色的天幕。有缕缕阳光穿过枝叶，是绿天幕上跳跃的星光。大片大片茵茵碧草连绵起伏，与天幕的绿光上下相映，把整个校园变成了一片绿色的翡翠地。风吹过远处的荷塘，荷叶翻卷，荷花摇摆，像课堂上学生一起翻开书的画面。而掩映在绿树中的座座红楼，似乎唤起了心中长久以来的美好的梦境。

正值暑假期间，校园里人不多，车更少，耳边只有蝉鸣和鸟语。走在"翡

翠地"里，沁入肺腑的，是混着树香、草香的清凉的空气。站在树下，人会忍不住地深深吐纳，让绿色的清凉的气息充满身体，赶走燥热。

带领我们参观校园的，是一位年轻的学者，来自动物医学院。路过一片建筑的时候，他指着不远处一栋白色的小楼，一脸自豪地大声说："看！那是我们的动物医院！看到牌子上面的字了吗？还有那个动物的标志！看到了吗？可爱吧？！"大家都笑了。

从小在农村长大，我的童年生活中

从来不乏动物的参与。外公常年养牛，我忘不了那头老黄牛看向人时那双水汪汪的大眼睛，是那么的温顺。家里一直养狗，我最忘不掉的，是小时候那只机敏矫健的黑狗扯着生人裤脚的样子，是那么的认真负责。也忘不了少年时的每天清晨，我迎着刚升起的太阳端着食盆走近鸡圈时，一群饥饿的鸡围着我直蹦的画面，那会儿少年心中已升起负担家务的责任感。我给长毛兔拔过毛，曾因为雪球一样的兔子变成了"粉色裸体兔"而难过得大哭……

在深入了解湖南农业大学之前，这些经历对我来说并没有跟"科学"和"研究"联系在一起。事实上，在文明的发展中，动物科学早就形成了专门的学问，动物医学更在现代发展成为一门科学。湖南农业大学，不但有动物技术学院，还有专门的动物医学院。医学院的技术，能在细胞和基因层面为人与动物的和谐相处提供更精准有效的服务。地球上人与动物的生命循环、人与宠物和谐相处的画面，都是有着科学和技术的"保驾护航"的。

那名来自动物医学院的年轻学者告诉大家，他的专业就是动物医学，通俗地说，就是兽医。在之前，这个职业在社会上是很边缘化的，脏和累不说，很多人甚至很看不起干这一行的。但是随着文明的进步，动物在现代生活中扮演着越来越重要的角色。人们对动物医学专业的认识和关注程度越来越高，越来越多的人意识到，人类和动物其实是处在一个紧密联系的健康圈和生命圈里的。所以，对待动物，我们要有平等的生命关怀。人类对待动物，不能一味索取，它们都是大自然的成员，是我们要关爱的生命，要关心它们的健康。哪怕是作为人类的食物的动物，比如鸡、鸭、猪、羊，如果我们人类毫无顾忌地只从自己的需求出发去改变它们的肉质结构，改变它们的生长规律，那么它们就会生病，带来的灾难性后果，地球上生命圈中每一个成员都要共同承担。作为动物的医生，我们对待动物，要像对待小宝宝一样，不能因为它们不会说话，就欺负它们，哄骗它们，它们也是可爱的生命，在地球上，它们跟人类是平等的。

他的话让我内心一动。是啊，在现代城市里，"孤独"越发成为人类精神生活的常态。在精神安慰和情感陪伴上，动物是有着重要的地位的。多少人，是把自家养的狗狗和猫咪当重要的家人来看待！子女离巢的老人，城市里孤独的年轻人，他们都在被这些忠诚的、不说话的家人陪伴和治愈。动物们的身心健康，也在影响着社会的健康和安定啊！

回想起来，自己的编辑职业生涯，也是从动物开始的。确切地说，是一条狗。2010年春天，入职半年的我，被一条新书介绍信息吸引住了：这是一个人与动物相互陪伴、相互关怀的温情故事。一条狗几世轮回，寻找自己的主人。在阅读书稿的过程中，我被狗狗对人类的忠诚和守护打动到几次落泪……于是，我毫不犹豫地申报了这本关于狗狗的书的选题，很顺利地拿到了版权。

人与动物之间的关怀和温情是没有国界的。这本书在国内外都取得了成功，小说改编的电影2017年在国内上映，让电影院里欢笑与泪水齐飞，甚至终场响起了掌声。"不管你养不养狗，这只小狗都会让你哭成狗"——作为把这只小狗的版权引进国内的编辑，我深深地感受到了引进图书编辑的职业自豪感。在很长一段时间内，那只执着地寻找生命价值的小狗，也在陪伴着我，鼓励着我。

我跟他讲了"我的小狗"的书的故事，这位年轻的老师一下子兴奋起来，突然两眼放光，他说，我也有特别喜欢的书推荐给你们！英国兽医吉米·哈利的《万物生光辉》！这是一位在英国乡下工作了五十多年的兽医的作品！这部作品中流露出来的对生命的关爱与悲悯，特别动人！一个乡下的兽医，在五十多年的职业生涯中，把心低到尘土，把手伸向肮脏和疾病，却始终在仰望星空！他把自己对生命的大爱，用讲故事的方式，传递给大家！这样的人，是真正值得敬重的人！这本书，你们谁想看，我买了送给你们！真的，值得看的书！看完这本书，会对生命平等和生命关怀有更深刻的理解！

在这样烈日炎炎的夏日里，走近湖南农大，走进那片沁人心脾的翡翠地，走近一位温柔对待动物生命和健康的年轻学者。留在脑海中的，有校园里处处可见的葳蕤大树，有端庄活泼的美丽红楼，有高端精密的实验室，有田田荷塘粼粼碧水，更有跟那位学者的愉快沟通。这些，在我心中已经化成了一片美好的绿色记忆——让人宁静，让人欢喜。那是农大带给我的深刻印象：绿色，是生命的颜色，是自由和平等的颜色，更是生命关怀的颜色。

耿会芬，湖南文艺出版社副编审。出版了"红楼梦读书笔记系列"散文集《青春红楼》等。

湖南农业大学的校园位于长沙城东，这所声名赫赫的高等学府、农学教育的殿堂已走过一百二十载春秋，前身乃湖南农学院，源自修业学堂。可在我儿时的记忆里"修业"是小学。

修业学校就在离我家不远的马王街上。那时院里的孩子读小学就近二选一，一是读人民小学，二是读修业学校。读人民小学好进，要读"修业"就有些难度了，据说要找关系。街坊邻里都说"修业"如何正规，如何严格，更重要的这是伟大领袖毛主席当过老师的学校；还有就是该校有体操特色，少儿体操培训闻名遐迩，培养为国争光的苗

子（后来果然出了像陈翠婷这样的体操名将）。其时望着身穿红蓝运动装的"体操小将"三五成群，出入"修业"校门，好生羡慕。但那会儿还没有择校之说，家里说既然是男孩子，对体操没兴趣，身体也没优长，我就上了人民小学。

而后，我与"修业"渐行渐远。"君子进德修业。忠信所以进德也。修辞立其诚，所以居业也。"几十年后，我终于在湖南农大校史的书上读到了"修业"渊源。创办人周震鳞先生，将学校命名为"修业"，旨在开宗明义。1920 年，"修业"停办中学，改办农科；1941 年创办湖南省立农业专科学校；1951 年组建湖南农学院；1994 年湖南农学院更名为湖南农业大学。薪火承传，自"修业"始至今，于天地江湖，于屋舍田野，于父老乡亲莘莘学子，播撒的是农学的种子，倡导的是务本崇实的学风。

如今漫步湖南农大校园，从恢宏的"湖南农业大学"校门到经典的毛泽东题字"湖南农学院"老校门，再到古雅的"修业学堂"校门，恍然间让人生出穿越感。湖南农大学子要进"三重门"，就是要告诉大家，不能忘了初心，不能忘了来时路。

"如果要给农大人画张像，应该从何落笔？"

我问过我的中学同学、二十世纪八十年代的湖南农学院学生类似的问题。自己一直对小时候与"修业"擦肩而过耿耿于怀，爱屋及乌，便很有兴趣地听他海式聊天，讲农学院的里里外外，校园趣闻。比如他说学生诗社在"情人坡"开诗歌朗诵会，某男生对某女生一见钟情，又不敢表白，就每天晚饭后到"情人坡"傻等，赢得了"夕阳王子"的美名。"结果等到了吗？'王子'和'公主'过上了幸福生活？"我问。"不知道。后来才晓得，人家女生高一届，先毕业了。后来应该联系上了吧"。比如他说某老师上起课来一板一眼不含糊，打起球来也一板一眼不含糊，关键是不服输，要搞到底……"我们的老师不像老师呢？""那像什么呢？"我问。他眨巴眨巴眼睛，缓缓吐出："像兄弟。"

"蓑衣斗笠是我们的制服，锄头扁担粪桶是我们的工具，镰刀枝剪是我们的武器，纸笔墨砚是我们的宝贝"——曾任修业学校校长四十四年的彭国钧为"修业人"画像。当年修业学生大多为贫寒之士，很多学生在学校都是半工半读，为解决学生生活困难问题，学校还给每个学生分划一块地……一片青绿葱葱的田野望去，分不清躬身劳作的男女哪些是师生，哪些是农民。

"修业"这种传承至今的"泥腿子"精神广受赞誉。而今的湖南农大人当然早已不靠耕种来完成学业，但"朴诚、奋勉"的校风校训传承，田野即课堂的观念深植于心，科教兴农、乡村振兴的浪潮激荡于怀，产学研结合的路子越走越宽广。把论文写在希望的田野上，把成果装进农民的口袋里，这是今天湖南农大人诚挚的目标愿景，亦是湖南农大人不懈的踏实践行。这是坚韧的种子，闪烁吃苦耐劳的执念。冲破禁锢，播撒开来，生根、开花、结果。

"追星追到袁隆平"的视频曾刷爆全网，湖南农大师生"围追"袁隆平的震撼场面让人印象深刻。杂交水稻之父、中国工程院院士、共和国勋章获得者、湖南农业大学名誉校长袁隆平此次前往出席 2019 年湖南农大开学典礼并致辞，遇到大批师生狂热"追星"。正是在这次致辞中，袁老语重心长，送给学子们八字箴言：知识、汗水、灵感、机遇。现今这八个烫金大字镌刻在"袁隆平公园"袁隆平雕像的基座。朝晖夕阴，于湖南农大的菁菁校园，手抚稻穗的袁隆平目光殷殷，言犹在耳，鼓励湖南农大师生，突破障碍，实现梦想。

斯人已逝，风范永存。"'禾下乘凉梦'，我们接棒"已成为今天湖南农大人的共同心声。"袁爷爷，我们毕业了。"2023 年 6 月，湖南农大学生唐沐阳晒出四年前他与袁爷爷的合影，当时他作为新生代表上台，袁老亲自给他戴上校徽。"带着您的稻穗开启新征程"，他充满感情地表示。

　　这是希望的种子，追逐梦想面向未来。这是何等神奇的种子呵，这是何等瑰丽的生命之航。小小一粒种子入土，扎根广袤沃野，清风云霓，阳光雨露，你中有我，我中有你，融为一体，转瞬幻化，大地青绿如毯，庄稼蓬勃苗壮，拔节生长……

　　"人就像种子，要做一粒好种子。"在湖南农大修业广场的石碑上，我读到袁隆平的这句名言，在阳光下熠熠生辉。蓦然想起，给湖南农大和农大人画张像，就从一粒种子着笔。

许参扬，资深媒体人，高级编辑，《长沙晚报》橘洲副刊主编。已出版《再见，青春》等著作。

为毕业庆典精心准备的晚餐

养人

周岙工

同乡小寻邀我一起，去他母校湖南农大观摩一场篮球赛。那日刚好得空，俩人突发奇想，相约干脆早点过去，体验一下他们的学校食堂。小寻毕业差不多三年，是原来湖南农大篮球队的主力，进校后依然轻车熟路。问他哪个食堂最好吃，他莞尔一笑，说，当然是丰泽食堂，最受大家欢迎，好吃不贵，当年他的宿舍就在旁边。

七点球赛，我们过去时刚好六点左右，陆续有学生往丰泽食堂方向走。路上我问小寻，我们一没餐票，二没饭盆，等下怎么买饭？小寻吃惊地看着我，笑道，不会吧？什么年代了，哪还有餐票和饭盆的概念，学校早就用饭卡系统与公共餐具了！我哑然失笑，掐指算来，我离开

学校进入社会已有二十六年，关于食堂，都还是过去的印象，有点刻舟求剑的意思。

进到丰泽学生食堂，感觉像进了一间硕大的自助餐厅，里面就餐的人很多，却并不嘈杂。中间是摆放齐整的长条桌，座椅也很舒适。学生们依次坐着，三三两两，大快朵颐。水磨石地板，天花板带彩灯的风扇，各个窗口饭菜、包点、小吃、粉面、饮料、水果等品类

齐全，有的窗口上还引进专门品牌，如千里香馄饨、金大嫂饺子、肖友记卤粉、老北京炸酱面……若不说是食堂，还以为到了一处美食街区，招贴设计精当有个性，让人眼花缭乱。小寻问我吃什么，我说，还是米饭养人，三菜一汤，身体健康；两荤一素，又帅又酷！于是打了米饭，又要了红萝卜炒肉、炒长豆角和辣子炒鸡丁。说来奇怪，或是穿越了时空，这些菜竟还和当年我在学校吃的味道相同，且盐味正、分量足，只是曾需自备的搪瓷饭盆和不锈钢调羹已置换为统一餐具。

回想过去自己读书时的食堂，与当下真有云泥之别。那是一间长方形老式礼堂，改造后日常用作食堂，前头砌着舞台，后头是厨房。用餐时，大家从舞台一侧上去，依次经过窗口打饭打菜，再从另一侧下来，络绎不绝，恍惚出将入相，登台表演又匆匆退幕，像极了人生。食堂里没有座位，大家打好饭菜都会回到宿舍，坐在床沿。虽是素菜寡汤，但不锈钢调羹在搪瓷饭盆里刮得滋滋响，意犹未尽。很多人还习惯吃完后在饭盆里倒上开水，涮涮作汤喝下，打个满足的饱嗝，绝无尴尬。不知现在的学生会不会像我们当初那样，上午最后一节课的下课铃敲响前，抽屉里的饭盆握于手中，紧捏餐票，只待老师一声令下，如离弦的箭冲往食堂。

那时从乡下刚到城里，在学校食堂我吃到了许多过去没有品尝过的蔬菜，例如，芥蓝头、西蓝花、芦笋等，也闹过许多笑话，我看到黑板上用白粉笔写着：今日新菜，茭瓜炒肉。见和红萝卜炒肉一个价，就打了一份。端到眼前一看，原来这茭瓜就是老家的高笋，让人啼笑皆非。那几年，正是我长身体的时候，每每回乡下，祖母总会说，周缸，你又长高了，食堂的饭菜养人！其实，她老人家不知道，那会儿我的饭量不算大，每次都只打三两四两，一般男生的都是半斤饭量朝上走。某回，我打三两饭被同班一位女同学瞧见，从此就有了一个"周三两"的美名。

那食堂实际上是一个多功能厅，舞台偶尔用来做文艺汇演，下面总坐满乌泱乌泱的学生观众，凳子都是自己搬来。周末晚上，按惯例放电影，也不挂幕布，直接投射在舞台的白墙上。读到大三时，暑假食堂改造，增加了几张玻璃钢座席，靠墙悬挂了数台电视机。最记得乔丹带领公牛队争夺NBA的总决赛每每都在午饭时分，大家站在食堂里，一边往口里舀着饭菜，一边紧张地盯着电视屏幕。有一回乔丹绝杀对手，同学们一激动，食堂里饭盆都摔了数个，地上哐哐直响。

我和小寻说起这些，他大呼不可

挑着，同时发出唆面的轻响，彼此对视，有种不离不弃的甜蜜。我不由露出会心的微笑，那一刻，觉得这世界分外美好。

离开餐厅，在外面的柏油路上徜徉，小寻突然发出一声惊呼，说，这里竟然开了一间瑞幸咖啡。我看过去，那显眼的鹿回头标志果然挂在上头。小寻说，他三年前毕业时还没有，现在这些知名品牌也逐入校园。一切，都还在变。他问我，看似什么都有，觉得湖南农大食堂还可以增加点什么？我狡黠地笑了，答，都还好，若能引进杨裕兴或甘长顺就更好了。作为长沙这两家知名餐饮老字号的负责人之一，我这么说小寻自然心领神会，也跟着嘿嘿直笑。

末了，小寻告诉我，他偶尔回湖南农大打球，也会和队友们一起去食堂就餐，体验当初在校做学生的感觉。他毕业了，原来的校园卡就变成了校友卡，里面的余额依然可以用。我对他说，食堂的饭滋养了他的身体，也滋养了他的灵魂。

思议。这么多年过去，变化实在是太大了。比如吃饭，他们有多个食堂选择，各类餐饮组合，还可以点外卖。他们崇拜的篮球偶像成了黑曼巴科比、詹姆斯等。我问小寻，这一米九二的身高是不是在湖南农大冲到的顶峰？他说，是了，那几年在学校觉得吃什么都香，湖南农大食堂的饭菜真养人。我们的说笑声有点大，惊动了旁边座位上就餐的一对情侣，他们有着别样的亲密操作，两个人合吃一碗面，两双筷子在一个碗里

周缶工，长沙市作家协会副主席。创作以诗歌和散文为主，作品入选人民文学出版社年度散文选本、百花文艺出版社年度散文选本。

"醉"美校园

湖南农大

1903—2023

科研篇

我们的油菜

赵燕飞

　　在那个看起来比较低调的小区里，我家的露台可能有些张扬。一不留神开成金色瀑布的加州黄金最好看，羞羞答答的香水合欢最好闻，粉中带紫的金边瑞香好看又好闻，以至于楼上的邻居隔空喊话，表扬我的养花水平实在不是一般的高。

　　今年春夏之交，忽然脑子发热，想要亲自种几根丝瓜尝一尝。也不管是否过了播种的季节，当即寻来十几颗丝瓜种子，按照某高人的指点，先将种子放在水里泡上一天，再小心翼翼地用筷子往露台的花盆土里戳出十来个小孔，每个小孔轻轻塞一颗被水泡得胀鼓鼓的丝瓜种子，用

土盖住后，浇透水。神奇的是，才过两天，就有新芽大摇大摆地钻出土层。这些新芽长得飞快，今天冒出一片叶子，明天又抖开一片叶子，让我忍不住怀疑这些丝瓜种子是不是被水泡疯了。

不到两个月，我家露台的防护网就被那几根攀缘速度惊人的丝瓜藤悉数占领。我有些担心，这些藤自由散漫惯了，若是它们擅自将丝瓜结在防护网外，那么小的网孔，我怎么把它们从防护网外面弄进来？好在那些奋力攀缘的丝瓜藤仿佛忘了开花之事，没有花，瓜从何来？怎么摘丝瓜的烦恼，倒像庸人自扰了。

前些日子应邀去湖南农业大学参观，进校园前，车闸打开的那一刹，岗亭显示屏上亮出"访

客"二字，当时并无任何异样的感
觉。傍晚回到家中，拎起洒水壶给
那些只长叶不开花的丝瓜们浇水
时，心里莫名有些遗憾，觉得热爱
植物的自己应该属于白天参观过
的那个偌大校园：时而站在讲台上
眉飞色舞，时而穿了白大褂钻进实
验室忙碌，时而弯了腰猫在油菜地
里观察某一片叶某一朵花……

　　我说的没错，是油菜，不是
丝瓜。

　　没参观湖南农大之前，我对
油菜的了解仅限于观赏价值。每年
春天，总有各种各样的笔会啊采
风啊，主办方大多会组织作家们
去看看油菜花，没有漫山遍野的
震憾，也会有花香十里的浪漫。那
种情境下，我从没想过油菜之所
以为油菜，最重要的价值首先是
"油"，其次是"菜"，而"花"
不过是"菜"和"油"之间的短
暂过渡。当无数游客慕名而来，只

为欣赏油菜花海，那时的"花"，才能成为最耀眼的存在。

我家常用菜籽油炒菜。我妈体型偏胖，讲究养生的她对菜籽油情有独钟。我爸喜欢抿几口小酒，以为猪油炒菜更适合下酒。当然，用什么油炒菜肯定是我妈说了才算。吃了这么多年的菜籽油，我家餐桌上好像从没出现过炒油菜，仔细想想好没道理。据有关专家介绍，油菜的营养非常丰富，其维生素C的含量比大白菜还要高。清炒油菜可活血化瘀、解毒消肿，凉拌油菜能够润肠通便、降脂降压，也可加香菇或木耳爆炒，真正的色香味俱佳……当我不无遗憾地告诉朋友自己从没吃过油菜时，他瞪着双眼表示不敢相信，"你真没吃过油菜薹子？"他说绿汪汪的"油菜薹子"，地球人都爱吃的"油菜薹子"，好吃得停不下来的"油菜薹子"，竟然还有人从没吃过，简直不可思议。末了，他半是"生气"地说，等到明年春天，一定请我到某个餐馆里好好吃一顿"油菜薹子"。

孤陋寡闻的我从未吃过"油菜薹子"——也许吃过了也未可知，那个被称为"油菜院士"的老人，到底有没有吃过"油菜薹子"？这个问题也只有我这样的蠢人想得出来。在"油菜院士"官春云的心里，每一株油菜都是宝贝，谁会舍得吃掉自己的宝贝？

六十多年前，官春云还只是湖南农学院的一名普通教师，年轻的他去农村调研，第一次听说了"红锅菜"。因为没有油炒菜，村民就将锅子烧红后，直接把菜倒进去翻炒。"红锅菜"让官春云的心为之一颤，似乎有一副重担突然扣在了他的肩膀上，而他，将为此奉献所有的青春和激情。

这天，官春云在油菜地忙得满头满脸的汗，顾不得擦一把，转身又匆匆走进实验室。他总是这样，恨不得将一分钟掰成两分钟甚至三分钟用。他要想方设法提高油菜的产量。当时，油菜在湖南的种植面积并不多，全国推行的油菜种植规范是"春发"，大家都习惯了在春天对油菜加强管护。官春云通过研究却发现，在冬季好好侍候油菜，让它们

长得更茂盛，来年的产量会更高。那一年，二十五岁的官春云郑重提出自己的观点：冬发是长江中游地区油菜高产的重要途径。后来，这项技术得到农业部门的正式推广，油菜从亩产不到五十公斤直接飙升到九十公斤。单产上来了，官春云又开始研究怎么提高油菜籽的质量。因为油菜籽中所含的芥酸和硫苷对人体有害，官春云带领他的团队通过六万多次杂交选育，终于研制出低芥酸、低硫苷的油菜品种——湘油11号。

在研究油菜种子的道路上，官春云从未停止过自己的奔跑。也许是无数油菜籽藏起了官春云满头乌发里的黑，也许是油菜地和实验室合力将他拉成了一把弯弓，这把弓随时蓄势待发，随时准备抵达一个又一个高度。

二〇〇一年，六十三岁的官春云当选为中国工程院院士，人们亲切地称呼他为"油菜院士"。

"水稻院士"袁隆平解决了中国人的吃饭问题，"油菜院士"官春云解决了中国人的吃油问题，这两位都是真正的牛人。有意思的是，在湖南农大校园里，立着一座五头牛的雕塑，地上的文字说明里，写着"犇牪"二字。

那个解决了中国人吃饭问题的

人，即使去了另一个世界，却仍然活在我们的心中。

这个解决了中国人吃油问题的人，已经八十多岁了，他的步履难免有些蹒跚，他的眼神却依然那么坚定。我们深信，无论是当年那个风华正茂立志以油菜为研究方向的官春云，还是如今已迈入耄耋之年仍在研究油菜的官春云，都和油菜血肉相连，密不可分。

好吧，我也爱上油菜了。等到露台上的丝瓜藤结束它们的"历史使命"，我要好好种几盆油菜。当春天来临，不用巴巴地等待朋友带去某家餐馆，就从露台采一把油菜，用香喷喷的菜籽油炝了锅，撒几粒蒜茸，再把嫩生生的"油菜薹子"倒进去……那样的时刻，春天所有的美妙都将扑面而来。

赵燕飞，中国作家协会会员。已出版《香奈儿》《明月几时有》《一声长啸》等多部著作。

猪粮安天下

胡启明

两次去湖南农大，就两件事。一是欣赏那像海浪一样辽阔的绿树林，二是和专家探讨科学养猪的话题。

先说校园风光，我虽不敢称"阅尽人间春色"，却也去过许多号称绿色学校的地方，可能与湖南农大媲美的，好像还真不多见。首先那三千四百多亩占地的种种名贵树木和花草，其气势就绝不输给一方大自然的景致，尤以在她身旁还流淌着一条清碧如斯的浏阳河，这就越发给湖南农大增添了无限诗意和气场。

得承认，此刻，我还久久沉浸在这绿色世界的满心欢喜氛围里，险些就忘了关于猪文化的正题呢。

那天站在湖南农大动物科技学院大楼前，不知为什么，我陡然生出一种敬畏感，我在想：这猪宝宝啊，一生下来便注定要为人类献出自己短暂的生命。

在四楼一间窗明几净的小会议室里，我和中国工程院院士印遇龙先生刚一见面，他就笑着说：我是个喂猪的。他的风趣、幽默、朴实、谦虚，让我们之间的访谈一下就变得轻松、活跃、愉快起来。印院士是湖南农业大学畜牧学学科带头人，长期从事"生猪生态养殖营养调控"的研究，可以说是学贯东西、驰名中外的科学家。他说他最大的心愿就是要让百姓吃上肉，吃上健康肉。他的足迹遍及国内国外，几十年一门心思，学习、考察、研究、实验不止，最终迎来硕果累累。说到猪，院士一脸的兴奋，语速也越来越快。他认为：猪吃的是粗糠野菜，它为人类付出的却是自己年轻的生命，和人一样，理应受到呵护和尊重。现在中国的生猪养殖及猪肉消费占了全球总量的一半。事实上，已关系到国计民生大事。你听说过"猪粮安天下"吗？他问我。

院士的一番话，让我颇感震撼，没承想，千千万万栏里的生猪，竟对这个世界，这个社会，尤其是对一个十四亿多人口的中国，会有如此卓越的贡献！于是，我的思维忽然又像青蛙一般老是跳来跳去，这会又跳到哪儿了呢？

猪是有故事的，是有历史的。

猪的历史可追溯到遥远的四千万年前，有迹象证明，家猪或来自欧洲或亚洲，人们在化石中发现有像野猪一样的动物穿梭于森林和沼泽中。

有趣的是，野猪竟然是最先在中国被驯化。这么看，中国的养猪史又可以定格在新石器时代早、中、先秦时期。这自然不是凭空想象，据殷墟出土的甲骨文记载：商、周时代已存有猪的舍饲，当时还创造发明了阉猪技术呢。汉代随着农事生产的兴旺，拿现在的话说，养猪已初步形成一种产业，不单单为了食用，还用于积肥。唐宋时期，养猪

袁隆平院士题词长沙绿叶生物科技有限公司

便成了农民增收的一种重要手段。

可谁也没料到，事情到了明代中期，正德十四年（1519），农民赖以生存的养猪，却十分滑稽且可笑地遭遇严重摧残。朝廷的理由极简单，因"猪"与明代皇帝朱姓同音，竟然被勒令禁养。旬日之间，远近尽杀，或降价贱卖或被深土埋弃。一时闹得百姓怨声载道，生活凄苦。值得庆幸的是，禁猪令持续时间很短，不久，猪栏重开，万众欢呼！好在往后的岁月里，这样荒唐霸道的禁猪悲剧就再也没有过重演，一切又归于顺风顺水。

古代还经常用猪代表财富与生育，商代的猪被人认作是贵重、吉祥的礼物，故后代人常用猪头祭祖、敬神、迎娶就是源于这个习俗，且延续至今。

那天，湖南农大的畜牧专家还告诉我一件十分有趣的事：科学实验已经证明，猪的智商很高，于世界已知的各类动物中排名第十，相当于人类三四岁的小孩，一点也不比狗狗低哦。猪的嗅觉极是灵敏，甚至能嗅出埋在地下的地雷呢。鲜为人知的是，猪的学习能力及记忆力也很棒，甚至两三天前藏的食物，都能快速地被它找出来。尤其是经过训练之后的猪，竟还能理解模仿人类一些简单的语言和动作。

猪真是一个何等聪明的家伙！

聊及猪作为生肖的由来，又引出一个典故。传说古时有个员外，家财万贯，良田万顷，就是遗憾膝下无子。眼看，年近花甲时，居然又喜得一贵子。一时合家乐疯，视为掌上明珠。

然而，这胖小子福里生来福里长，从小只知衣来伸手，饭来张口，不习农事，不修文武，每日游手好闲，花天酒地，自以为生来就是富贵命。不久，他父母相继去世，家道很快衰落，田产典卖，家仆四散，这个胖小子最终竟饿死在房中。他死后阴魂不散，就到阴曹地府中找老阎理论，说自己天生富贵相，为何惨淡而亡，这太不公平。老阎便将其阴魂带到天上玉帝面前请求公断。玉帝便召来人间灶神，问明原委。

灶神秉直照说，将这个胖小子不思学业，不务农事，挥霍荒淫的行径一一禀告。玉帝一听大怒，说：你命相虽好，却死懒好吃，今罚你为猪，去吃粗糠吧！那段日子，恰逢天宫在挑选生肖，那差官却误把"吃粗糠"听成了"当生肖"，立马就把这小胖子带下人间。从此，他就成了一头猪。所幸的是，经猪苦苦哀求，加之六畜中的马、牛、羊、鸡、狗也为之求情，终于感动了玉帝，赐他当上了最后一名生肖，虽是排在"六畜"中的末名，也总归是搭上了当生肖的末班车呢。

至于《西游记》，毕竟是美好神话。唐僧的二徒弟猪八戒前世为执掌天河八万水军的天蓬元帅，又谁知，原来天上的神仙也有七情六欲。老猪（后来名）一直暗恋容颜过人的霓裳仙子，一次在蟠桃会上吃醉酒后，竟色胆包天地去调戏她，接着又拱倒斗牛宫。一时天宫震怒，被及时赶来的纠察灵宫，从南天门狠狠一脚将他蹬了下去，哪知恰恰又落入凡间一猪舍中。于是错投猪胎，成了一个猪头、大耳朵、大肚皮的猪形象。从此他藏身于福陵山云栈洞兴风作恶。后经观音点化，做了唐僧的弟子，与悟空，沙和尚一块保师傅去西天取经。不过，八戒仍有懒惰，贪吃好色的表现。唐僧一行抵达西天后，佛祖如来考虑到他保师傅西天取经功大于过，便提拔八戒做了净坛使者，他虽嫌品级太低，却也算修成正果。

关于猪的故事我们似乎聊得有些远了。

自古猪就给人类提供了稳定的美食来源，使人类免于狩猎之苦；猪的粪便是上等的蔬菜瓜果肥料；现代医学还采用猪胰岛及眼角膜移植救治人类；就连猪毛还可织成刷子呢。它的出现和进化似乎与人类也没什么太大的不同。动物学家曾动情地说：猪啊，只求一口粗粮，它也有性格，它也有喜怒哀乐，它也应该有尊严，然它终究是一个弱者，等着它的永远是被宰割的命运，老天有时就有这么不公平。

我忽然想起，自家也曾有一个用大猪头造型的"哑巴筒"，憨憨的，笑笑的。那是女儿小时用来装银毫子用的，为啥不用别的动物模型而偏偏选中可爱的猪头呢？这真是有说不清的理。

我生长在湘北偏僻的乡下，小时自然见过许多大小猪的。多少年前，农民一年到头，家里养头猪，几乎人情世故

及柴米油盐酱醋茶等花销就指望它了。主家一高兴时或昵称"猪啰啰"，或叫"聚宝盆"。生气时又借用它来骂人，什么"死猪子样""蠢得做猪叫"等等。试问人类又有何资格将猪视为蠢的象征呢？它虽不能说人话，岂知它同是有智慧的聪明物种，难道它付出的一生还不够受到人类的敬畏吗……

我的访谈是在一个下午晚些时段结束的，时值湖南农大暑假季，偌大个校园，略显清雅，唯有知了还躲在茂密的林子里放声歌唱，也许它知道自己的生命太短暂，得高歌时且高歌，不留遗憾在人间吧。

老去的一天终于慢慢消失到傍晚的薄光里，而我却还坐在满湖盛开的荷花旁，总是想起猪的前世今生，记起《汉书·郦食其传》里"猪粮安天下"这句重词。我想：假如真有一天，科学家不研究怎样养猪了，养猪人也不养猪了，餐桌上再也尝不到猪肉的美味了，你说，这个世界，这个社会又将会怎样呢？

胡启明，中国作家协会会员。已出版《生命的歌谣》《返回故乡》《绝不放弃》《最后的尊严》《生命的礼物》《在水一方》等多部著作。

无辣不欢

奉荣梅

仲夏，进入湖南农大西门，高树侵云，红翠相间，卉木轩窗，好鸟时鸣。人车在树荫花影间穿行，溽暑顿消。

矗立校园中间的"湖南农学院"老校门，阳光穿越七十年的时光，泼洒在毛泽东的题字上。几十年间，来来往往的莘莘学子，他们的大学校园生活被时间隐藏起来，很多细节在逝水流年中渐渐变得模糊。

我仿佛看见一个十六岁的瘦弱的农村学子，从四十五年前的一张黑白照片里走出来，他肩上挑着的是父母借钱置办的一床被子、一个行李箱。他带着山村孩子第一次走进大学的忐忑与新奇，走进了改变自己命运的校门。

他是恢复高考以后，1978 年的湖南农学院招收的第二届学生。他挑着简单的行李，打量着道路两边一排排的杉松、樟树、苦楝树，走入了新的学生时代。从本科一直读到研究生，晨餐朝晖，夕枕月辉，他不是在教室、图书馆如饥似渴地读书，就是泡在实验室、试验田研究一粒种子或一株苗。他还和老师同学们一起种下柳杉、玉兰、桂花等等，他与这些树木一起成长，毕业时由一个身高一米四六的青涩小子，长成一个一米七的蔬菜研究者。在这座草木华滋的校园，不知是什么时候，他爱上了那些蔬菜种子，尤其是一粒淡黄色扁平的辣椒种子，在他心里生根发芽了。从此，他就与辣椒种子缘定终身。

沿着修业路往校园东北角驱车，一幢绿荫掩映的六层红楼，是园艺学院所在的第十一教学楼。一楼大厅，有一墙红的、绿的辣椒图片与文字，呈现着这栋普通的教学楼里非凡的荣耀——中国唯一的"辣椒院士"邹学校与他的研究团队的科研成果：三次获得国家科学技术进步奖二等奖。

"辣椒院士"的照片与四十五年前的十六岁学子重叠了。他从这个校园出发，归来已是中国工程院院士，国家级首席科学家，2018 年底担任母校的校长。他回到起点，他的身后是一支中国最大的辣椒研究团队，团队成员四十多人。他要在那些像他当年忐忑迈进校园的学子心中，播撒一粒粒科研的种子，用一只火红、火辣的辣椒，点燃一双双青春的眼眸。

辣椒，在湖南富有象征、表意的文化意义。湖南人无辣不欢，从清代开始就爱吃辣椒，也以辣椒强悍、坚韧的劲头来研究辣椒，将辣椒文化推向了全国。

记得三年前的秋日，"辣椒院士"在湖南农大校园里，给我科普辣椒在明代从南美洲传入中国的四百多年历史，以及与湖湘文化的渊源。一只小小的辣椒，将科研与历史文化杂交，将辣味深深渗透到湘菜与湖湘文化、湖湘精神之中。

邹院士给学生授课的地点很特别，除了教室和实验室，有时是在苗圃中，有时是在菜市场、田间地头和食堂的餐桌上，把科研论文写在大地上。记不清无数个说走就走的日子，一接到椒农遭遇病害、寒潮的电话，邹学校就连

夜坐火车转汽车赶往椒农的辣椒田救急。

春日夏风，秋日冬雪，四季春秋，邹学校率辣椒研究团队，踏遍苍山浃水，走过太多田间小路，见识过各种辣椒品种，结识各地椒农。他们心中装着的是辣椒科研的蓝海，最热衷的是收集南水北山的辣椒种子。辣椒团队多男士，他们常年不进厨房，但是每到一个地方，却首先逛菜市场，发现新特品种眼睛就放光。他们买下辣椒，就像"买椟还珠"一样，不是为了做一道香辣的辣椒炒肉，而只为获取几粒小小的辣椒种子。

四十一年前，戴雄泽也追随着邹学校的脚步，踏进了"湖南农学院"老校门。他1982年入校就读蔬菜学专业，从本科一直读到博士，毕业后成为学长邹学校的同事，成为辣椒研究团队的核心成员。第十一教学楼六楼戴雄泽的办公室，有一个塞满了辣椒种子样本的抽屉。他出行时的标配，包里要携带种子样品袋，袋子里珍藏着他从天南海北收集的辣椒种子。这些种子袋，就记录了他近两年的足迹所至。

六楼是个回形办公楼，排着十几个实验室。这些实验室的灯光，经常通宵闪亮，一群群博士、硕士研究生，轮班在这里与一粒粒辣椒种子对话，像一个个魔术师，将试管试剂变幻出不同的色彩图案，演绎着他们的青春梦想。这一粒小小的种子，开启了一个个学子探寻蔬菜世界的神秘大门，引领着他们认知一粒种子引起的蝴蝶效应……

在一个实验室门口的墙面上，张贴着一张张色彩绮丽的摄影作品，都是各种蔬菜的花朵和果实图片，我看见一朵白晃晃的辣椒花，是那么的惊艳、可爱，像忽闪的一只深邃神秘的大眼睛，诱惑着学子去探寻。在金属窗棂上，我又发现红线吊着几十个网兜特别晃眼。透过网眼，可以辨识里面是各色各样的蔬菜种

子，有红红绿绿的标签，其中有几袋辣椒种子。网兜在阳光照射下，特别有艺术感，也寄托着这些年轻学子一个个美好、浪漫的梦想。种子网兜，与那些照片，将这样严肃的实验室，装点得瞬时时尚、活泼起来。

有两个女生头挨着头在仪器前观察着，她们是刚入校两天的研究生，脸庞带着稚气，眼睛充满新奇与兴奋。她俩介绍自己来自农村，从小就跟着父母在辣椒地玩，最爱吃辣椒炒肉，当自己能够亲见一粒小小的种子长出嫩芽、结出尖尖的玲珑辣椒时觉得很有趣，特别是在显微镜下观看辣椒种子的分子、基因图，更觉得神奇。

我仿佛穿越到四十五年前，邹学校在这些实验室里，暗暗立下了"为农民育最好的品种"的目标；特别是在1983年考上了农学系作物遗传育种专业研究生时，他在某个显微镜旁确定了将来的研究方向——在辣椒育种研究领域开创一番事业。他毕业后被分配到湖南省农科院辣椒课题组，成为我国最早的辣椒育种参与者，就一直在辣椒地里一身汗水一脚泥地前行。如今，辣椒成为中国种植面积最大、卖得最多的蔬菜，邹学校院士与他的辣椒研究团队功不可没，他

成为名副其实的"辣椒大王"。

辣椒育种研究，与其他农业科学研究一样，必然要从实验室走向试验田。在湖南农大校园西门南侧，有一片白晃晃的大棚，那是辣椒基地。三十六个半圆形塑料大棚，整齐地排开，不同的棚子做不同的试验，各种形态的辣椒静静生长，有邹学校、戴雄泽、刘峰等老师种植的"种质材料"，也有博士、硕士们种的。

农业育种的高度取决于对种质资源收集挖掘利用的深度。邹学校的辣椒研究团队自二十世纪八十年代末期创建以来，曾经在中国辣椒江湖留下传奇：巅峰时期，中国大江南北，每两棵辣椒中就有一棵是湖南种子！全国四个辣椒骨干亲本，湖南就占了三个！在农大辣椒基地里就生长着传说中的"老祖宗"级别的骨干亲本，它们的种子蕴藏着改变中国辣椒育种大方向的优异基因，曾被全国同行育成一百六十多个品种、推广上亿亩，成为我国育成品种最多、种植面积最大的几个辣椒骨干亲本。

年近六旬的戴雄泽老师，一年大半时间在外考察、调研，在校的日子，每天第一件事就是到辣椒基地转转，与自己的辣椒"材料"打打招呼。戴老师大

棚里的"材料"有长沙东山"光皮辣椒"，主要用来观察果实的形状、大小。大棚里种植着来源几处不同产地的"材料"，有一百多株，他每天不断观察、选择，就像"选美"一样。还有一种试验"材料"，就是近年价格很火的"网红辣椒"——樟树港辣椒，主要研究突变，培养另外一种类型的辣椒。

"我们就是把辣椒当花一样来养的，既可以欣赏，又可以饱口福。"红绿青橙白黄紫，辣椒如七色花，亦如翡翠羊脂田黄玛瑙，更似如花美人，云鬟花颜。可以想见，这群与辣椒共舞的"辣椒大王""辣椒王子""辣椒公主"们，他们将辣椒当绝色美人，夜凉如水时，孤灯荧荧下，在实验室与田间地头，循环往复地做着辣椒的"选美"工作。

我在这座翠樟朱墙的六层大楼里，与一株特别的辣椒相遇，与一粒粒特殊辣椒种子相遇，与辣椒细胞、基因、分子相遇。在这座教学楼里，比我更早与一株辣椒相遇的学子更多，而他们就因为这样的遇见，一辈子就与一粒小小的辣椒种子纠缠不休，成全人们餐桌上四季的"无辣不欢"。

奉荣梅，中国作家协会会员，长沙市作协副主席，长沙晚报主任编辑。出版《浪漫的鱼》《寒花淡影》《品读长沙 风流人物》等著作多部。

吃茶去

饶晗

"非叶非花自是香"一句说的就是我家后山上的茶。

阳春三月，金井绿意蒸腾，杏花春雨后的薄雾在山间走走停停，犹疑处透着一股阳气。塘里浮萍初现，山里布谷声声，年少的我哼哼唧唧地跟在母亲身后上山采茶。

李时珍说："楚之茶，则有湖南之白露，长沙之铁色。"说的也是我家乡的茶叶。每年清明前后，我们就举家制

好"铁色"，邀朋呼友，日饮数杯，以消永昼。

采茶时节，天地湿漉漉的，太阳一出来，人却昏昏欲睡。父母做茶一般是晚上，母亲在土灶里小心翼翼地加柴，将铁锅子烧得直冒热气。父亲将碧绿的新茶往锅里一倒，也不用锅铲，直接用手翻腾起来，父母嘴里一起发出"嘘嘘"声，仿佛这样就不会烫着似的，而我却站在一旁"咿咿"地倒抽冷气。厨房里蓝烟袅袅，只觉父母亦真亦幻，只觉今晚这茶叶非同凡响。

父亲一般用手揉茶，但茶叶稍多也用脚去踩。母亲打来一桶水又一桶水，将

父亲的脚丫子洗了又洗，洗得白白嫩嫩的，还要拿起闻一闻，确认干干净净才允许站进木盆里。父亲将一盆新茶踩得叽叽作响、汁水四溢，空气中弥漫着一股青青涩涩的滋味。

揉好后，父亲就将茶叶摊开放在灶头的篾筛子上，暗火烟熏。这时我已睡眼惺忪，但就是舍不得去睡，只问这茶能吃了不？母亲恩威并济也无法让我上床，只好抓了一把熏着的新茶，冲了一大碗送到我手里。我就吹开泡泡，吸一小口往外哈一大口气，吸一小口往外哈一大口气。也不管滋味如何，只觉心里格外踏实。这才心满意足地在茶香中沉

沉睡去。等到第二头早晨，又哭丧着脸朝母亲诉苦说嗓子好痛。这才知道，已经"上火"了。

每到这个时节，打卦人就从塘边走了过来。他白须飘飘、常年不洗的衣服油光发亮。张家小媳妇端着一个四方大红盘子奉上一杯茶，打卦人端过茶，亮开嗓子就唱："手捧茶杯我喜洋洋，谢了天地我谢姑娘，我喝一口喉咙润；喝两口破孤荒；喝三口搜枯肠；喝四口发轻汗，多少不平事，尽向毛孔散；这第五口喝不得也，只觉两腋习习清风凉。"唱必，他从怀里掏出两片竹卦，噼里啪啦在堂屋里掷了一气，一一说出卦象。

那时候，乡下人能说四六句子就很了不起，倘若能把《十月怀胎》背全那是极为光彩的事情，那他一定会站在旷野里扯着嗓子唱，打着哭腔，唯恐别人不听见。人们就照例走过去："你怕是个大学生哦？""是的咧！是的咧！湖南农业大学毕业的。"他就呵呵笑着回答。茶园里的女人们马上也凑过来："你农业大学毕业的那我也农业大学毕业的，我是日头系，天天晒日头。""那我是湖南农大地球系的，天天修地球。""那我是茶叶系的，天天摘茶。"……

金井茶厂的总经理周宇先生说："如今啊，能读湖南农大的茶学专业是非常幸福的，因为那里有我们的茶神刘仲华院士。没有刘院士的加持就没有金井茶的今天，也就没有长沙绿茶这个响当当的品牌，刘院士隔不了几天就会来我们茶园，他的重点实验室就在山坡下。他指导我们加工装备机械化、自动化乃至智能化，既保证产品质量的稳定又降低了生产成本，将'小叶子'做成了'大产业'。他带领我们做深加工，用现代提取分离纯化技术，把茶叶中对人体健康有益成分提取出来，把它应用到大健康产业中，变成天然药物、保健食品、功能食品、化妆品。更重要的是他还帮助我们将金井茶远销世界，如今日本人、德国人少不得我们的茶。"

刘院士40年如一日，在茶学研究的道路上倾注了全部心血。他骄傲地说："青山绿水变成了金山银山，我们是茶叶强国，世界每两杯茶中间就有一杯中国茶。"

看到金井的茶叶长势茂盛，刘院士心情舒畅。他说这些夏秋茶的持嫩性非常棒，这样的品种不管是做绿茶还是做红茶都很好。

夏秋茶是刘仲华院士的研究方向之一，他说把夏秋茶的文章做好了，茶叶的产业效益就会提高不少。刘院士为茶园开出了"三剂良方"：一是将夏秋茶制作成红茶，第二是做成出口茶，第三是用作药物和保健品的原料。

现在，我家乡的茶可红可绿，可药可饮。她如同一个中了状元的孩子，声名远播又衣锦还乡。一片片叶子，生于阳光、熬于沧桑、舞于剔透，个中沸腾、个中清凉、个中苦涩、个中甘甜……掐瘪搓圆粉碎了一杯荡漾。

现在，我每天去浏阳河畔上班都要经过湖南农大的茶园，一次次驻足，无数次回眸，想起童年的滋味，想起西装革履的刘院士，想起漫山遍野的新绿……是乡愁，是感激，是希冀，是巡礼……千千万万化作的依旧是一杯茶。

不由得记起，一千多年前，赵州禅师逢人就一句："吃茶去！"赵州一碗茶，古今味无差。

多想去湖南农大，去寻访刘仲华院士。他一定也会悠悠的来一句："吃茶去！"

是的，吃茶去，人生如寄，视道如茶。

饶晗，长沙市作协副主席。已出版《莫问》《脊梁》《在童年》《天问》等多部著作。

农大，那道最美丽的风景

——跟随『农民的教授』下乡支农纪事

张茧

和湖南农大打交道多了，你会发现，湖南农大的教授，是最不像"教授"的教授——他们亲切随和，没有大学教授、博士生导师的架子，有的是对农民深厚的感情；他们像农民一样质朴，与农民交朋友，不仅手把手地教授农业技术，还教给他们现代农业的新观念，让他们成为新时代的新农民。因此，湖南农大的教授，经常被亲切地称为"农民的教授"。

真诚而朴实，这是湖南农大人身上共有的特质。他们爱校敬业、求真务实、艰苦奋斗、乐于奉献，这些可贵的品质，凝聚成了这座校园最生动的人文精神，是一道最美的风景线。

作为媒体人，十多年前两次跟随湖南农大"农民的教授"团队下乡科技支农的情景，依然历历在目，犹在昨日。

"葡萄教授"石雪晖

—— 科研成果要装进农民口袋里

　　时光回到 2006 年。正是丰收的八月，我随石雪晖教授团队一行，穿行在澧阳平原的葡萄园里。

　　石教授是留学日本的果树学博士，她带领课题组创新性攻克了欧亚种葡萄（俗称提子）在南方多雨、高温高湿地区高产栽培的技术难题，结束了我国南方不能种植提子的历史，将湖南澧县打造成了"南方的吐鲁番"。

　　石雪晖经常对她的研究生说："我们不能光在课堂上栽果树，要栽到农村去；成果不能只写在论文里，要装进农民的口袋里！"那几年，石教授指导澧县农民种植提子，已经有近千户农民种出了亩产"万元地"。农民脸上的笑啊，比晶莹剔透、鲜艳欲滴的葡萄还要可爱。

　　虽然是大名鼎鼎的果树专家，石雪晖却如农村大嫂一般朴素随和，无论走

到哪里，果农们簇拥着她，总是有问不完的问题、说不完的话。由于澧县去得多，很多农民她都叫得出名字，她甚至学会了澧县方言，主动用方言和农民交流、给农民上课。

我跟随她来到澧县兔子口村的红提园。随行的研究生告诉我，十多天前石教授刚刚在这里处理了一起"险情"。

原来，兔子口村等几个大葡萄基地，出现了严重落果现象。眼看离丰收只有二十多天了，可不能让农民失收啊。石雪晖仔细察看后，断定是葡萄缺钾，也就是说果树营养不良。

"不行啊，要及时疏枝疏果，水果也要'计划生育'。"她当机立断，要求农民立即疏果，同时施加钾肥。但在农民眼里，挂上枝头的累累硕果，全都是钱啊！很多人舍不得。

平时和蔼可亲的石教授，这次却异常严厉："如果每天枯一点剪一点，到最后将颗粒无收！必须疏果，每亩至少要打下一千公斤！"农民们流着泪，把接近成熟的一串串葡萄剪下来，倒掉的葡萄堆成了山。

仅仅过去十几天，当我们走进红提园时，大家惊喜地发现，经过疏果、施肥后的大片葡萄，已经重现生机，疏果

剩下的葡萄串，就像喝饱吃足的婴儿一样，憋着劲长，晶莹透亮，煞是喜人。

果农们围着石雪晖："谢谢您啊石教授，我们又丰收了！明年不用您上课，我们都会主动疏果！"

葡萄园走了一圈，石雪晖回到村里的活动室上课。屋外的窗台下都站满了人，大家伙干脆就盘腿坐在地上。她结合才在果园见到的现场，给村民讲如何促进葡萄着色、增糖，如何防治病虫，深入浅出。她还对症开出些方子，用多少药剂，打药间隔多长都清清楚楚。

村民陈娟说："石教授送科技下乡，从不照搬书本知识，往往是先下果园，看准我们的技术缺陷和栽培管理问题后，马上就在村里甚至地里讲课，边讲边示范，我们照着一学就会，学会就富。"

陪同采访的县委书记给我算了笔账：澧县这个种植面积1.2万亩的南方最大葡萄产地，当年全县葡萄收入将超亿元。其中近一半的欧亚种葡萄平均亩产值可达1.4万多元！最早跟石教授学习栽培技术的王先荣，当年一百多亩葡萄，纯收入上了百万，成了远近闻名的"葡萄大王"！

"博导猪倌"施启顺、柳小春

——把最好的种猪和技术送到农家

跟随"博导猪倌"施启顺、柳小春送猪下乡的故事,也是一段趣闻。

施启顺和柳小春都是湖南农大著名的动物遗传育种专家,专攻猪遗传育种,为农民繁育良种种猪,每年有三分之一时间繁忙奔走于各级猪场和实验基地。他们主持长白猪选育研究项目,培育的种猪供不应求,产生了重大的经济效益和社会效益。养猪专业大户尝到了甜头,亲切地称他们是发家致富的"财神爷"。

2006年7月12日一大早,我跟随湖南农大动物科技学院的八名教授和十名参加社会实践的大学生一起,直奔韶山银田镇三华村。

八名教授中,施启顺、柳小春两位

博导最引人注目。一路上，专家们纷纷讲述两位博导的科研故事，特别是开玩笑地说他们"几十年来一心'趴'在猪身上"，两位"博导猪倌"也和大家一起笑得前俯后仰，开心不已。

半个月前，施启顺、柳小春团队培育出来的湘虹猪和湘益猪两个配套系，刚刚通过了省畜禽品种审定委员会的审定，这是我省开发的第一代优质猪种配套系，填补了空白，在湖南省养猪业中具有里程碑意义。新品种不但生长速度快，瘦肉率高，还特别会生崽。新品种刚刚问世，两位博导就联合一起攻关的正虹饲料公司，把三十二头湘虹种母猪和一头种公猪送到村里。

听说省里最有名的"猪教授"要来村里送种猪、送技术，三华村也是像过年一般热闹，全村老少都急着往村委楼赶。九点刚过，村里堂客们自己组成的腰鼓队，用最热烈的鼓点欢迎我们进村。

在欢快的腰鼓声里，"湖南农大科技富民双百工程示范基地"的牌子挂上了，憨厚的村支书肖佳仁，笑得嘴巴都合不拢。有了这块牌子，意味着湖南农大的教授们将定期来村，把最好、最新的养殖技术传授给农民。养猪大户贺庆明头年出栏三百多头，平时常有养殖方面的困惑，他高兴地说："好啊，今后有技术问题再也不愁了！"

三十三头种猪很快被几个养殖大户分完了。没有买到的农户们将两位博导团团围住，希望走走"后门"。买到的也不过瘾，买到四头种猪的贺庆明就很不甘心，照样缠着两位博导，希望多引进一些。还是肖佳仁支书挤进去，替专家答应下次再送才解了围。

随后，教授们一一来到村里的养殖户家里，看猪舍，问情况，热情比火辣辣的太阳更高。在村民余建军的猪舍外，柳小春教授带头先消毒才进去。一番察看，她说："猪喂得不错，皮光毛亮。卫生环境还要改善，太潮湿。其实猪也和人一样，讲究生活舒适呢。"她建议余建军，夏天猪舍要常冲洗，闻不到猪粪臭，看不到苍蝇飞，猪自然就长得好。

看了一圈，时间已近中午，教授们仍不肯休息。曾德年教授来到村农校教室，为养殖户上了一堂生动的"健康养猪"课。其他教授也坐在一旁，随时接受村民咨询，酷暑高温下，我看到教授们的衣服早已湿透……

支农纪事后记

——湖南农大，那道最美丽的风景

湖南农大很美，美在绿树葱茏的校园，美在古朴厚重的建筑。

然而，在我看来，湖南农大最美丽的风景，是和石雪晖、施启顺、柳小春一样务本崇实、习苦耐劳的许许多多湖南农大人，以及他们身上体现的"朴诚，奋勉，求实，创新"校训精神。

正是在这种精神的感召下，一代代湖南农大人，心中装着沉甸甸的"农"字，在广袤田野上踔厉奋发——

官春云院士为油菜高产"钟情一甲子"，邹学校院士筚路蓝缕满足人们餐桌"无辣不欢"，刘仲华院士苦心孤诣数十载为百姓喝上好茶，印遇龙院士围绕"养一头健康猪"殚精竭虑，柏连阳院士三十年主攻除草控害，为农民"保稼护粮"……

他们把一个科学家严谨的科学态度与重大的社会责任紧密地结合起来，淡泊名利，无私奉献，以自己的高尚人格在农民心中树起了丰碑。他们的言传身教，他们的精神品格，构成了这座美丽校园的温润底色，点亮了校园那道最美的人文之光。

如今，"爱校敬业、求真务实、艰苦奋斗、乐于奉献"的人文精神，已经成为一种校园文化，浸透到湖南农大的学风、校风之中。人文精神的核心，是人生的态度和人的价值取向，是人内化于实际行为中的精神，它润物无声，却催人奋进。这种人文精神的熏陶，在潜移默化中触动着湖南农大学生的灵魂。

夕阳下，一抹金色的霞光洒在刚刚落成揭幕的袁隆平雕像上。

雕像前，不时有学子走过，青春洋溢，意气风发。他们会主动停下来，深情地看着他们永远的名誉校长、世界杂交水稻之父袁隆平院士。袁院士手持稻穗，目光慈祥而深邃，静立守望着一颗颗好种子在这里生根发芽，长成参天大树。

张茵，资深媒体人，《湖南日报》高级记者，发表各类体裁的新闻作品三千余篇。

那一簇簇绚丽的霞彩

刘义彬

一年中最酷热的季节已然来临，一位戴着草帽的瘦削老者，半蹲在即将收割的稻田边，一边仔细端详着面前饱满而金黄的稻穗，一边同身边的同伴交流着什么。老者面庞黝黑，带着欣喜神色，汗水已将他胸前后背的衣服浸湿大半，但他浑然不觉，爽朗的笑声颤动了周围燥热的空气，漫过金黄的稻田，传往更远处的田野。

这是今年七月下旬的一个正午。老者名叫陈立云，湖南农业大学教授，我国著名水稻育种专家，正同他的学生肖应辉博士等人在长沙县江背镇的一处试验田里，对新研制的杂交稻生长情况进行观察研究。他们最新培育的优质杂交早稻又有了明显的进展。

陈立云出生于湖南省华容县，共和国的同龄人，1975 年毕业于湖南农学院（现湖南农业大学）农学专业并留校任教，从事作物遗传育种和种子学的教学与科研工作。为了杂交水稻的"冬繁"育种，陈立云就像一只候鸟，在湖南、海南等地飞来飞去，连续四十年过年都很少回家，忍受着艰苦的生活条件及腰椎病的折磨，常年咬牙坚持下田开展科研工作。陈立云带领他的科研团队从理论到技术解决了两系杂交稻制种不安全的重大难题，创立了低纬度高海拔水稻两系不育系繁殖技术新体系，使两系不育系的繁殖产量提高了六七倍，种子质量大幅度提高，他选育的杂交稻母本"C815S"使长沙地区夏季制种的安全性从百分之五十五提高到百分之百。他先后育成或合作育成近百个水稻品种，累计推广面积三亿多亩。袁隆平院士曾评价他的成果："对推动两系杂交水稻的快速发展和保障中国粮食安全具有极其重要的意义。"

在湖南农业大学，像陈立云这样将毕生精力倾注在教学和科研方面并取得杰出业绩的学者还有不少，其中官春云院士的作物学科创新团队，邹学校院士的辣椒育种与资源创新团队，印遇龙院士的畜牧学创新团队，刘仲华院士的茶叶产业创新团队等，在我国农业科研领域均做出了令世人瞩目的贡献。

在湖南农业大学第三教学楼二楼的一间办公室里，我见到了该校动物医学院许道军博士。许道军今年四十五岁，结实的身材，英俊帅气的脸上是谦逊的笑容，跟我聊起我国畜禽养殖环境污染及饲用粮食供给安全时，脸上透露出沉着与自信。

许道军介绍，我国的粮食安全主要问题是饲用粮食大量依赖进口，由于资源和环境的双重硬约束，国内饲料粮增产空间有限。在湖南农业大学教授印遇龙院士等的指导下，许道军博士团队采取用黑水虻、蝇蛆等昆虫来处理城市餐厨垃圾和畜禽粪便，生产饲用昆虫蛋白，替代大豆、鱼粉等饲料粮。此举不仅能缓解我国蛋白质饲料资源不足的难题，还能解决环境污染问题，处理后的虫粪还是有较高肥力的优质生物有机肥，可谓一举多得。

目前国内这项技术的瓶颈在于缺乏工业化生产的装备及技术体系，以致不能实现大规模产出。近年来，许道军博士团队成功研发了工业化黑水虻昆虫养殖智能装备，突破了黑水虻大规模、集约化、自动化和全天候养殖关键技术，并建成了日处理餐厨垃圾五十吨以上，年产黑水虻五千吨的示范基地。这一技术如果得到全面推广，我国每年可望生产数千万吨优质昆虫源的动物蛋白质，将改写世界蛋白质资源以及我国养殖业和水产业的格局，大幅减少对美国大豆和他国高端鱼粉的依赖。

在长沙县高桥镇黑水虻实验基地的五千吨黑水虻智能装备生产线下，我看到了密密麻麻在鸡粪内蠕动的肥嘟嘟的白色黑水虻幼虫。想象着鳜鱼、鲈鱼、甲鱼、鸡、鸭等水产禽畜类动物贪婪的神情，欣喜的感觉盖过了我全身冒起的鸡皮疙瘩。我理解了许道军博士的沉着与自信，也从他的身上看到了年轻一代农业科技人才的蓬勃崛起。

"湖南农学院到了，有要下车的乘客吗？"我耳畔朦胧回响起第一次出远门乘坐公共汽车经过湖南农学院时，听到女售票员的清脆声音。细想一下，那已是四十年前的往事。

湖南农大是离我老家那个小山村最近的一所大学，几十年来，我每次出门、回家都得从它旁边经过，因而对其有着说不出的亲切感。在学校120周年校庆即将来临前，我有幸踏进湖南农大校园，对该校一百多年的农业科技发展史有了较深入的了解。

在茫茫岁月长河中，有多少人来了又走了，没留下一点点声息。历经120年沧桑而血脉绵延不断的湖南农业大学，一直将农业报国的思想作为办学宗旨，铭刻在每一位师生的骨子里，并因此而留下众多辉煌的名字和造福人类的科研成果。

自修业学堂改为农业职业学校至今的一百多年，湖南农大虽经历多番更名改制和各种变迁，但始终执着于农业科技的教学与研究。新中国成立后，学校师生一代接一代，先后在水稻、茶业、南荻、苎麻、油菜、养猪、生物钾肥、遗传工程、病虫害防治等方面取得了令国内外瞩目的科研成果。除了闻名中外的"杂交水稻之父"袁隆平院士，该校还诞生了官春云、邹学校、刘仲华、印遇龙四位院士，先后有胡笃敬、李宗道、刁操铨、李凤荪、裴新澍、陈常铭、詹杨桃、李学恭、周汝沆、吴尚文、康春林、柳子明、盛承师、罗泽民、陈立云、易自力、文利新、柏连阳、万文举等一大批科学家在农业科技领域取得重大突破，在国家级科研成果、授权专利、审

定（登记）动植物新品种等方面均创造了非凡业绩。为了推广农业科技，学校每年派出大批科技人员参与乡村扶贫支教，深入农业生产一线开展技术咨询，足迹遍布全省大小村庄，培训了大量农民技术员。

更多影响人类未来的最新科研成果，如汩汩清泉正持续在湖南农大校园内不断涌现。经湖南农大教授、植物学博士易自力团队研发出的最新技术工艺，可将原主要用于造纸的洞庭南荻制成纳米纤维素等四种高价值产品，全程无废弃物排放。湖南农大教授文利新主持研发出国内外第一个低胆固醇猪肉品种，发明了防控蓝耳病、非洲猪瘟等疾病的关键技术，还摸索出能显著降低人类脂肪肝患病风险的猪油食用方法？……

完成采访时，正值台风"杜苏芮"登陆之际，湖南农大校园里凉爽而舒适。林荫道两边矗立着整齐而高大的紫薇树，红色的紫薇花正恣肆开放，那么稠密而热烈，像一簇簇霞彩随风滚涌着。

我在紫薇路上静静地走着，脑海里闪烁着一串串朴实的名字。他们有的已完成使命，将自己铸造成农业科技史上一行行坚实的文字。而更多的，还在各自的研究领域默默耕耘，像我身边怒放的紫薇花一样，正将自己悄悄绽放成一簇簇绚丽的霞彩。

刘义彬，中国散文学会会员，资深媒体人，已出版《情感天涯》等著作多部。

"醉"美校园 湖南农大

1903—2023

自 然 篇

赏荷图

梦天岚

在石桥上望一眼，
荷花就开了。
谁莲步轻挪，
荷花就跟着开了一路。

白的开出净白，皎白；
红的开出粉红，焦红。
每一朵花都由翠绿托举，
交付于蝉鸣和清风，
七月的阳光，
也跟着微微地颤动。

赏荷的女子着一袭白裙，
她沿着荷池走走停停，
水波中的人影也跟着流转，
空气里有阵阵馨香弥散。
仿佛所有的荷花都认得她，
有的还悄悄喊出她的芳名。
懂荷的人都是谦谦君子，

立高洁于淤泥，让荡坦
在烈日下成群，结队。
荷叶田田，凡是能捧在掌心的，
要么晶莹透亮，
要么经络分明。

梦里枫林

曹丽姿

我曾无数次幻想自己醉于这样一场梦中，红叶满地，落英缤纷；我曾无数次寻找这样一片天空，悠远漫长、一望无际。直到某一天，我在浮世匆匆的人流之中，看到无数人为之驻足的地方——那片浸染书香的枫叶林。梦中的天荒地老竟在此刻与我相遇，那惊鸿一瞥让人一眼万年。

素闻湖南农大枫林之美，几次欣然前往，均未成行。那是盛夏时节，与朋友相约农大，并肩走在图书馆和修业广场之间的林荫道，翠绿掩隐送来缕缕凉风。正感慨这恰到好处的清爽，抬头竟是传说中的枫林大道。虽未逢上红叶纷飞的季节，然满目青涩的美让我暗下决心，一定要在它最灿烂的季节一睹芳容。

待到秋风起，终于穿过层层人海，来到了梦中的红叶林。我看过层林尽染的麓山晚枫，寻过惊艳四座的香山红叶，赏过白墙黑瓦掩印的婺源晨枫，最后醉于这一方书香气、一片故土情的湖南农大枫林。都说湖南农大美，最美是枫林。正值深秋初冬交替时节，万物凋零，然那火红的枫叶却灿烂得迷人眼。湖南农大枫林多为成片鲜艳的大红色，穿梭其中，恍若坠入童话世界。此刻方明白网上盛传的那句"春到武大看樱花，冬到农大看红枫"的由来。据传这百余棵红枫十年前自青岛引进，是远道而来的"北美红枫"。虽是游客、媒体纷沓而至，素喜宁静的我，却不觉这红枫林喧闹。大抵是这方枫林立于图书馆之侧，竟让来往游人多了几分对这份书卷气的敬意，都兀自欣赏，互不打扰。

为了更多感受湖南农大枫林之美，便不自觉多来了几次。莘莘学子的笑脸洋溢在校园的红叶大道，青春荷尔蒙的气息让人沉醉。最喜爱的还是待到人潮褪去之时，静静徜徉其中，此刻便感觉自己拥有了整片树林，闭上双眼，不觉往事历历浮上心头。

那是一个青涩的午后，徐徐的风，还带着吹面不寒的温柔，依稀懵懂地与人聊着青春与抱负，畅想未来的诗与远方。我说，有一天，我一定会在一片飘落黄叶的漫无边际的小道上，走向我的地老天荒。如若可以，我会携着一卷书，静坐或徐走，任叶飘落到我的肩头，划过我的脸颊，甚至长发抑或那稍显凌乱的发梢，我会深情地拾起一片红叶，久久凝视我的青春，那散落一地的故事，或许有淡淡的感伤却并不惆怅。的确，有多久没有怦然心动的瞬间，就有多久不曾触及那些肆无忌惮的光阴。谁不是边成长边失去，边长大边别离？

　　都说，芳华是一指流沙，苍老是一段年华。我总想到这枫林的美却是永恒的。从青涩到成熟，从娇翠欲滴到浓墨重彩，从努力绽放直至生命最后的惊心动魄，它的美却从不曾消逝。它从不作无谓地等待，而是伴着秋风，努力划出最美的弧线，然后轻盈地回归大地。世间有几人能一世芳华，用最体面的方式、最美的容貌结束灿烂的一生。从这一方面来说，它无疑是成功到让人膜拜的。这也使我想起红颜易逝，究竟怎样地活着才能如这枫叶般灿若星河？

　　如若将枫喻为女子，流水落花、容颜易逝，形美不可方物而腹无书卷气，则总觉美而无魂、久处易怠。灵魂中自带香气的女子总能勾起人的无限遐

思。林徽因、陆小曼、胡蝶、张爱玲等等，她们风华绝代、进退有度，她们美却不迷失自我、执着却不沉溺纠缠，皆因腹有诗书、行有底气！这湖南农大的枫林恰是沾染了这一方书魂，与传奇佳人相得益彰，而多了些耐以寻味的曼妙。世间多少人为追寻外在之美而忘却内在之修，多少人把文艺气质当成矫揉造作，单从这一方面而言，这方枫林足以称得上特立独行、傲视群芳。

一片红叶划过我的脸颊，打破了我纷飞的思绪。不远处，一对校园男女正耳鬓厮磨、窃窃私语。片片红叶落在女孩的肩头，她并不着急拂去，男孩凝视着相互映衬的女孩与红叶，赶紧用镜头记录下这甜蜜的瞬间。我见过这种笑，是一种未经人情世故的纯净的笑，仿佛他们不掺任何功利的初恋的味道。也只有在如此纯美的校园之中，才更使人遐想一个个由这枫林开始的故事传说。相传唐代，有宫女采萍拾得枫叶一枚，题诗于上："流水何太急，深宫尽日闲。殷勤谢红叶，好去到人间。"随后将红叶放至御沟，随流水漂落，被一进京赶考书生于佑拾到，随即作一诗，红叶流水相送，竟让采萍拾得。诗云："红叶无诗亦是诗，何来宫女再题诗。秋复秋兮红叶在，片片红叶惹秋思。"后来采萍被放出宫，与于佑喜结良缘。婚后取箱内红叶相视，竟是红叶定情。难怪古来文人骚客对枫林情有独钟，陆游"枫叶欲残看欲好"；李白"明朝挂帆去，枫叶落纷纷"；白居易"浔阳江头夜送客，枫叶荻花秋瑟瑟"；李商隐"枫醉未到清醒时，情落人间恨无缘"。觅着古人的足迹，学子们在枫林与万卷书海中恣意畅游，感受"春风得意马蹄疾，一日看尽长安花"的快意人生，岂不妙哉。如若可以，多想重走一回青春，重温一场书生意气。沏一杯咖啡，约三五学友，静坐于图书馆一隅，十八岁的梦想便从这里起步！

寻寻觅觅，韶华易逝。多少人因人生不平而叹，对壮志未酬而感。其实，人生每一阶段莫不都有属于自己的风景？如这红枫叶，由稚气的淡绿，经历长时间的风吹雨打，才愈加蔚为壮观。候鸟飞了，万物进入了生命之冬。黄叶落了，又在一年春回大地之际凯旋归来。纵使如此，枫叶为秋情意浓，晚霞为伴、漫山流丹，一生坎坷，半世风霜，相侵无怨，为人咏赞。走在枯叶铺垫的路上，沙沙作响，一丝丝风轻盈地穿过树林，卷起枯黄苍老的叶飘飘扬扬地旋舞。这是它永不言弃的信念，是生命结束之前的灿烂。很多时候，自然界其实和人类极其相似。

在湖南农大枫林，某个夕阳西下的黄昏，我做了一个长长的梦。梦见我翻山越岭寻觅的风景，原来近在咫尺……

曹丽姿，湖南教育电视台主持人，一级播音员，曾获国家级、省级广播电视奖一等奖。

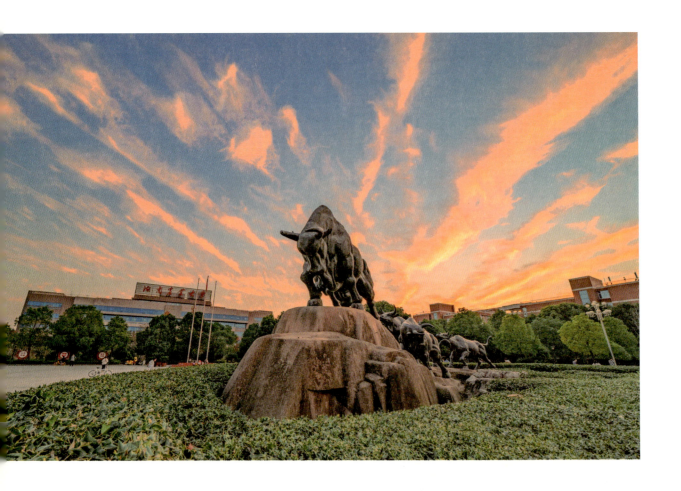

机缘巧合，于晴空万里之日，有幸至湖南农大一睹芳颜。

徐徐驶入校园，修业广场的五牛雕塑，气势非凡，牛气冲天。"耕读传家"的古训携书香扑面而来，充满诗意。朱色教学楼与碧色园林交相辉映。那苍翠如盖的香樟、直耸云天的水杉、摇曳多姿的枫树、卓尔不凡的银杏、蓊蓊郁郁的桂树……那繁花似锦的紫薇，热情似火的夹竹桃，婀娜清新的葱莲，粉嫩娇羞的木芙蓉……风姿绰

与莲邂逅
梦圆农大

朱艳红

约，叫人目不暇接。

　　修业学堂校门处，一缕荷香沁入心脾，这可是我最爱的花。停车寻香，一处世外桃源迷人眼目。逸苑，这里有大片的池子，池上有桥有岛。池中荷叶挨挨挤挤，荷花有亭亭玉立者、羞涩未展者，透着说不出的优雅与娴静——"唯有绿荷红菡萏，卷舒开合任天真。"一旁碧绿莲蓬藏于高低错落的荷叶间，别有情趣。

　　池心小岛，树木葱翠，花香袭人；桥上远望，有大片荷花。信步而去，水族教学科研基地隐于茂盛树林边，古色古香的亭子旁恣意绽放的荷花如绿色锦缎上缀嵌的白色宝石和粉色珍珠。扶上一支，闭上眼睛，"予独爱莲之出淤泥而不染，濯清涟而不妖。""人间道场，淤泥生莲，世间磨难，皆是砥砺。"周敦颐与王阳明的声音随清风徐来。睁开眼睛，一种力量在丰盈生长。我想，如此高雅脱俗的校园环境，定能涵养高风亮节、清正廉明、百折不挠的莘莘学子。

　　池边徘徊，暑气见长，恰经大学生文创中心。偶遇"花田啡语"咖啡馆，玻璃门上一溜串的"可以"：可以上网、可以请客、可以拍照、可以休息、可以

充电……如此，感觉不可以不进去呢。店家很年轻，就在我瞧着几十种咖啡果茶难定之时，店家仿佛怕我尴尬，"不点也没有关系的，随便坐一坐，休息一下。"店家身后布帘上几行字："希望你买的每一杯咖啡，都是因为喜欢，就像结婚，是因为爱情，而不是将就。"一切如沐春风。坐下细打量，橙色灯光与背景墙、沙发相映生辉；小店廊厅乳白墙上开出两朵太阳花，花间映入"生活很好，记得微笑"。旁边沙发上端坐一位女大学生，捧书浅笑。门口的脚垫印有"不喜不悲，来杯咖啡"。"不以物喜，不以己悲"，古仁人之豁达胸襟于湖南农大的一个小咖啡馆，不着痕迹展露无遗。这不正反映着农大学子的精神品质么？

时间近午，颇有不舍地离店返程。那晚，我做了一个梦，梦见自己变成了荷花仙子，与众花于湖南农大莲池起舞。次日晨醒，仍觉意犹未尽。迫不及待约上了好友，精心打扮。又至湖南农大，我漫步莲池边，小桥上，朋友用无人机为我记录了美梦成真的瞬间。每一帧于我而言都是绝美的画。爱莲之人，与莲共舞，莲心永驻。这次与莲的邂逅将成为我心中最美好的记忆。

朱艳红，资深教育工作者，曾任学校党支部书记、校长。

校园里的寸草湖

张 英

最近，我把身边那些与湖南农大有着深厚过从的朋友问了个遍，也没人能准确地说出校园里寸草湖的始末由来和历史变迁。熟识的几个年轻校友说起在母校的往事倒是频频激动感慨，聊起青葱岁月深情满怀，对寸草湖的记忆却并不深刻。

纷纷打趣说那是情侣去的地方，单身者轻易不敢前去造次。或是因为湖的位置离所在宿舍和教室太远，通常没事也不会往那个方向去。

湖南农大的校园是真大。那天傍晚，我从学校正校门进去，在校园里用导航、问路人，四处寻找寸草湖的位置。幸而遇到一热情的男学生，他感觉与我言语说不清，索性骑着

电动车载着我过去，弯弯绕绕了三四里路才到了湖边。也许他有点纳闷，不知什么神秘的朋友把人约到那么遥远而僻静的地方。

寸草湖所在的位置两湖相依。相隔一条马路，寸草湖一旁另有逸苑湖。一眼望去，逸苑湖比寸草湖更开阔，不仅是水域面积，旁边的步道、廊庭、拱桥等人群活动空间更宽敞，湖面景观妆造匠心独运，湖畔花圃、绿树错落，外加夜间亮化，看上去似乎更符合时下的审美习惯，穿梭来往的行人更多。相比之下，寸草湖和则它的名字一样，似乎显得更朴实、低调、沉静。

靠近湖畔，首先吸引我的是树头不住的蝉声。正值酷暑黄昏，又是暴雨初歇后，古树林立的湖畔依然有点闷热，蝉自然也格外聒噪，不过这份聒噪倒是衬出了湖的另一份静谧。湖是临着学校家属区的，在湖边的小石子路上，时不时可以看到有三两人安静漫步，不疾不徐。岸边，两位中年男士相隔不远在悠然垂钓。空气里混杂着青草泥土的味儿，草丛里还有间或出没的蚊虫。

寸草湖称不上广阔。湖中间一条曲折的石桥，把湖的景致一分为二。一半是满眼荷塘，碧绿的荷叶挤挤挨挨，荷花也开得正欢，硕大的花朵风中摇曳，清香随风阵阵。另一畔湖面稍显特别，沿着岸边，你会看到一片碧绿青翠的水草，整齐绵密地排列并舒展至湖中央，蔓延到湖面的多个角落。从高空俯瞰，湖面好似一块周边镶有碧绿翡翠的银盘。水草也是特别的，大约两寸长，手指粗，一根根直立在湖面，不知湖的名字和它有无关联。

点睛之处应该是湖边的寸草亭了。顺着石桥蜿蜒，可一直行走到亭子。有校友曾为寸草亭赋诗：莹莹碧瓦盖红廊，绿绕矶头映水光，秋月春花闲与度，年年风物任流芳。寸草亭的外观的确是诗描述的那样，与常见的亭子并无二致，但站在亭里可以看到寸草湖的全貌。经年累月，寸草湖就那样静静地看青黄交替、荣枯变化，听百鸟啁啾、雨打荷塘，惯看秋月春花，任流光年年把人抛。如此想来，寸草亭也是虚怀若谷、谦恭自守，并非浪得虚名了。

大学校园里的湖泊仿佛都与青涩恋情有着千丝万缕的联系，寸草湖似乎也不例外。但是我所见到的寸草湖貌似并不是一个谈情说爱的理想之地，理由有三：其一，湖的地势平坦，面积不大，一眼望到头。其二，大树底下都是泥路，夜间照明也不好。其三，湖边供人行走的空间并不富足，甚至稍显局促，无论是湖旁的小石子路，还是通往湖心的石板桥，都是窄窄的，两人并排行走都显得逼仄。寸草亭也就七八平米见方，陌生的人在里面不经意间打一次照面，估计都能把对方记得清清楚楚。青涩恋情里那些小心翼翼、秘不示人的美好想必都要大打折扣吧。显然，一旁的逸苑湖人气旺很多。

不知当初修建者对湖的风格定位是什么，现实来看，寸草湖或许是一个更适合独处的地方。试想青春年少时，满怀心事的我们坐在无人的寸草亭，或行走在僻静的寸草湖，把那些无处安放的茫然与落寞、困惑与无助、沉重与不甘诉与荷塘、古木、寸草、百鸟，纵然不能消解，是否也可以得到一些缓释。不经意间踩上的一脚泥泞，猛地淋到的一场大雨，是否会让那些不足为外人道的虚妄，不切实际的幻想瞬间逝去？接了地气，转而奔赴向脚踏实地的远方。而这，也称得上是寸草湖的难能可贵之处了。

身边一位七八级的校友告诉我，他在校读书时校区内还没有湖泊，寸草湖大概率是二十世纪九十年代，学校把实验农场并过来后新辟的人工湖。他回忆，当时学校旁边的东湖很美，大家没事时多去那里逛。但是那个年代生存是第一位的，读书才有用，大家心绪也比较简单，去东湖走一圈也是奔着锻炼身体去的。

终究是一代人也有一代人的情感。世界瞬息万变，那些不知与外面世界如何交手而产生的惶恐不安，那些没能学会与自己和解的执拗与拧巴，都是年轻的我们要面对和卸下的包袱，或许每个人都需要找到自己的寸草湖。它安静、平常、治愈又能开悟，无关风月。

张英，资深媒体人，曾供职于中国文化报湖南记者站、红网等。

后 记

多视角聚焦农大之美

　　湖南农大之美，美在历史。美在一百二十年前一个伟大的构想；美在校址的几经变迁；美在"耕读"二字的枝繁叶茂；美在办学理念、治校精神之"校训"的接力传承。

　　湖南农大之美，美在建筑。美在一块砖一片瓦；美在飞檐翘角台基梁柱；美在第一教学楼的高大宽敞；美在柳子明教授那一幢民国小楼的沉稳幽静；美在四合院宿舍楼人与环境的和谐共生。有诗云："不止于近在咫尺的浏阳河／也不止于三湘四水／这里的每一座建筑都是你凸起的琴键／你的弹奏里有十万吨蛙鸣／有回响了一百二十年的浩荡水声。"

　　湖南农大之美，美在人文。美在袁隆平雕像这颗种在校园里的种子；美在"自来鼻上无绳索，天地为栏夜不收"的五牛；美在绿茵场上女子足球队的飒爽英姿；美在"一只排球悬在半空／一个小小的天体，借助弹性／在瞬息定格成永恒"；美在"学生们下了课，散布在校园的各个角落中，光影撒下了一地碎金"；美在情人坡，"爱情，是一个辽阔的词汇，像怀抱的素琴"；美在学生食堂摆放整齐的长条桌，男男女女在嬉笑声中大快朵颐；美在林荫道旁一个小小的咖啡店，门边的垫子上，居然写着"不喜不悲，来杯咖啡"……

　　湖南农大之美，美在科研。美在"一位智慧的长者／他曾用一粒种子／改变了整个世界"；美在起伏的稻浪之上站满了微笑；美在有一群把辣椒当花一样来养的"辣椒王子""辣椒公主"；美在那一年一度的油菜花，既有漫山遍野的震撼，更有花香十里的浪漫；美在"猪粮安天下"；美在憨萌憨萌的猪宝宝竟然住进了童话般的庄园；美在一望无际的茶山，采茶姑娘的歌声被天上的白云偷走；美在一片片茶叶，"生于阳光、熬于沧桑、舞于剔透、个中沸腾、个中苦涩、个中甘甜"；美在一串串的葡萄，就像吃饱喝足的婴儿一样，憋着劲长，晶莹透亮"……

湖南农大之美，美在自然。美在一花一叶，一草一木；美在"寸草湖，风吹书页／与这一湖的青春光亮"；美在"赏荷的女子一袭白裙／她沿着荷池走走停停"；美在"秋复秋兮红叶在，片片红叶惹秋思"的枫林大道；美在香飘四季的丹桂路、芷兰路、玉兰路、紫薇路、碧柳湖、碧荷池……美在偌大的一所大学，掩映在园林之中。

湖南农大之美，美不胜收。

湖南农大之美，美在目之所见耳之所闻。

湖南农大之美，美在精神与灵魂。

因湖南农大之美，摄影家用镜头捕捉一个又一个美丽动人的瞬间，从前，从后，从左，从右，从地面与天空。

因湖南农大之美，二十多位诗人、作家、编辑、记者、电视主持人，从不同的视角发现并挖掘其文化内涵。或走马观花，或深入浅出，或爬梳剔抉钩沉拾遗，或妙笔生花遣怀抒情。他们从"颤动在草尖的每一颗露珠，到清晨的第一声鸟鸣"，从阳光烫就的校门招牌，到青春环绕的密密树林。他们敬仰、他们歌颂、他们羡慕、他们倾心。面对同一座校园，面对同一方美景，他们也许会有相互的交叠，也许会有情怯之中的浅尝辄止，也许会有了解不深的挂一漏万，也许还会有因为外行而闹出的笑话，也许也许……

然而，九九归一。凡参与这本书的策划者、创作者、设计者、评审者，都是因了湖南农大之美而群贤毕至，而忘怀得失。为此，他们忘掉所有的烦闷与忧伤，顶着酷暑，"留下这丽日和晴空，与你相见"。

这是一本向湖南农大建校一百二十周年献礼的图文书。但愿，这也是一本能让所有的湖南农大校友见了深感骄傲和自豪的书，这更是一本让湖南农大所有师生见了更添爱我校园并为之沉浸与陶醉的书，同时还是一本非湖南农大人见了艳羡与向往的书。

彭国梁
二〇二三年八月

彭国梁，诗人，中国作家协会会员，已出版《爱的小屋》《民国名人在长沙》《书虫日记》等著作四十余部。